# CATALOGUE

DE LA

# BIBLIOTHÈQUE

## DE LA PAROISSE

DE

## NOTRE-DAME-DES-VICTOIRES

### (ROANNE)

ROANNE

AU SIÈGE DE LA BIBLIOTHÈQUE

*Rue des Minimes, 35*

1888

# CATALOGUE

DE LA

# BIBLIOTHÈQUE

## DE LA PAROISSE

DE

## NOTRE-DAME-DES-VICTOIRES

(ROANNE)

ROANNE

AU SIÈGE DE LA BIBLIOTHÈQUE

*Rue des Minimes, 35*

—

1888

# EXTRAIT

DU

## RÈGLEMENT DE LA BIBLIOTHÈQUE

### ARTICLE PREMIER.

La Bibliothèque est ouverte les Dimanches de 9 h. 30 à 11 h. 45. — Elle est fermée les jours des grandes fêtes : *Noël, Pâques, Pentecôte, Assomption, Toussaint.*

### ARTICLE 2.

Les abonnements sont de 3 francs et de 6 francs par an. Les premiers donnent droit à deux livres par semaine, et les seconds à quatre livres.

### ARTICLE 3.

L'époque des abonnements est fixée au premier dimanche de chaque mois.

### ARTICLE 4.

Les personnes non abonnées pourront se procurer des livres en payant une petite rétribution ; qui sera de 10, 15 ou 20 centimes, selon l'importance des volumes.

### ARTICLE 5.

Les livres ne pourront être gardés plus d'un mois sous peine d'amende. Cette amende sera de 10 centimes par volume et par semaine.

### ARTICLE 6.

Il ne sera délivré de nouveaux livres qu'aux personnes qui rapporteront intégralement leurs provisions.

### ARTICLE 7.

Il est défendu de prêter les livres.

### ARTICLE 8.

*Toute personne qui a égaré ou endommagé un volume est tenue, par devoir de justice, de payer une somme proportionnée au dommage.*

Prière à tous ceux qui s'intéressent au bon ordre de la Bibliothèque de se conformer aux divers articles de ce règlement.

Nous ne pouvons nous dispenser de nous plaindre du peu de soin que quelques-uns de nos abonnés apportent à la conservation des livres de la Bibliothèque.

# CATALOGUE

## A

2369 **Aimard** (G.) Les bandits de l'Arizona. 1 vol. in-12.

2336 **Alin de la Roche**. Le page de la duchesse Anne. 1 vol. in-12.

2712 **Alexandre** (Ch.). Souvenirs sur Lamartine. 1 vol. in-12.

887 **Allard**. Le volontaire Louis Guérin. 1 vol. in-12.

838 — Les échelles du Levant. 1 vol. in-12.

889 — La Bulgarie. 1 vol. in-12.

829 **Allibert** (abbé). Vie de sainte Catherine de Sienne. 1 vol. in-42.

59 **Altenheym** (Mme d'). Les anges d'Israël. 1 vol. in-12.

174 — Dieu pardonne, ou les deux Frères 1 vol. in-12.

107 — Les fauteuils illustres. 1 vol. in-8°.

1532 **Ambert** (général). L'héroïsme en soutane. 1 vol. in-12.

1179 — Le pays de l'honneur. 1 vol. in-12.

1766 **Ampère**. Journal et correspondance. 1 vol. in-12.

916 **André** (de Saint-). Vie de la bienheureuse Marie des Anges. 1 vol. in-12.

1371 **André**. Nouvelles. 1 vol. in-12.

645 **Andryane** (A.). Mémoires d'un prisonnier d'Etat. 2 vol. in-12.

1195 **Antimore** (d'). Les petits travers du temps présent. 1 vol. in-12.

492 **Antoine**. Les jeunes personnes devenues célèbres. 1 vol. in-12.

1613 **Antoine.** Le Chalet des Miroirs. 1 vol. in-12.

197 — La Thébaïde. 1 vol. in-8°.

1288 **Archier** (Adolphe). La famille Morand. 1 vol. in-12.

1351 — Les saints de la compagnie de Jésus. 1 vol. in-12.

1489 — Un cœur pur. 1 vol. in-12.

274 — L'héroïne irlandaise. 1 vol. in-8°.

275 — Justice divine. 1 vol. in-8°.

2049 — Les captifs du czar. 1 vol. in-12.

372 **Arduin** (abbé). La religion en face de la science. 1 vol. in-8°.

821 **Armand** (abbé). Ste Angèle de Foligno. 1 vol. in-12

1809 **Armel de Kervan.** 89 et son histoire. 1 vol. in-12.

298 **Arnaldy** (abbé). Le philosophe du village. 1 vol. in-8°.

795 **Arsac** (d'). Les Jésuites. 1 vol. in-12.

970 — La Papauté. 1 vol. in-12.

249 **Artaud.** Hist. de Pie VII. 3 vol. in-12.

2405 **Artois** (Hugues d'). La tour des Roches. 1 vol. in-12.

1466 **Arvor** (d'). Amélie, ou Dieu fait bien ce qu'il fait. 1 vol. in-12.

1627 — Mémoires du marquis de Champas. 1 vol. in-12.

1816 — Première et dernière dette. 1 vol. in 12.

1676 — Alfred de Kerjean. 1 vol. in-12.

1603 — Procrius, ou les martyrs d'Agen. 1 vol. in-12.

2226 — Eglantine. 1 vol. in-12.

2270 — Un coup de fortune. in-12.

1359 — Dent pour dent. 1 vol. in-12.

2115 **Assollant.** Aventures du capitaine Corcoran. 1 vol. in-12.

808 **Aubineau** (Léon). Vie de la R. Mère Emilie. 1 vol. in-12.

881 — Les Jésuites au bagne. 1 vol. in-12.

1417 — La vie du B. Labre. 1 vol. in-12.

1842 — Les serviteurs de Dieu. 2 vol. in-12.

2139 — Les lis et les épines. 1 vol. in-12.

2392 **Aubineau** (Léon) Jean Jugan. 1 vol. in-12.
1474 **Audeval** (Ht'). Paris et Province. 1 vol. in-12.
1547 — Les cœurs simples. 1 vol. in-12.
1604 — Le drame des Champs-Elysées. 1 vol. in-12.
1688 — La grande ville. 1 vol. in-12.
2358 — La dame guerrière. 1 vol. in-12.
253 **Audin.** Hist. de Luther. 1 vol in-12.
60 — Hist. de Léon X et de son siècle. 2 vol. in-8o.
108 — Hist. de Henri VIII d'Angleterre. 2 vol. in-8o.
391 **Aufauvre** (Amédée). Les masques noirs. 1 vol.
903 — Jean l'Égorgeur. 1 vol. in-12.
1773 — Le fils de la vierge. 1 v. in-12.
1885 — Les enfants de la neige. 1 vol. in-12.
1516 **Auger** (Edouard). Hist. américaines. 1 vol. in-12.
229 **Augustin** (saint). Ses Confessions. 2 vol. in-12.
227 — Ses lettres. 4 vol. in-8o.
351 **Aulnoy** (d'). Les morts héroïques pendant la
guerre de 1780. 1 vol. in-8o.
1125 **Aunet** (Léonie d'). Voyage d'une femme au Spitz-
berg. 1 vol. in-12.
2272 **Aurgel** (d'). L'anneau de bronze. 1 vol. in-12.
981 **Auvray** (Michel), Contes d'automne. 1 vol. in-12.
1876 — Le rocher de Sisyphe. 1 vol. in-12.
1265 — Les roses d'antan. 1 vol. in-12.
2019 — L'ambitieuse. 1 vol. in-12.
2080 — L'étoile filante. 1 vol. in-12.
108 **Aveline** (Alf. d'). Alaf le chevrier 1 vol in-12.
347 — La fille du colon. 1 vol. in-8o.
1889 **Avignon de Norew.** Les quatre missions. 1 vol.
in-12.
1956 **Avoine** (abbé). La charité dans les saintes. 1 vol.
in-12.
2169 **Avold** (Ch. d'). La vengeance d'un père. 1 vol.
in-12.
943. **Azaïs.** Un mois de séjour dans les Pyrénées.
1 vol. in-12.
298 **Avrillon** (R. P.). Conduite pour le Carême. 1 vol.
in-12.
299 — Conduite pour l'Avent. 1 vol. in-12.
300 — Conduite pour la Pentecôte. 1 vol. in-12.

227 **Aymé.** Les fondements de la Foi. 2 vol. in-12.
235 **Ayzac** (M^me d'). L'abbaye de Saint-Denis en France. 2 vol. in-8°.

# B

167 **Bachelet** (Th.). Les Français en Italie. 1 vol. in-8°.
1075 **Badin** (A.). Grottes et cavernes. 1 vol. in-12.
855 **Balbo** (C.). Six nouvelles. 1 vol. in-12.
2350 **Ballacey** (Henri). L'antre des mystères. 1 vol. in-12.
416 **Ballerini** (R. P.). Le chasseur des Alpes. 1 vol. in-12.
1418 — La pauvresse de Casamarie. 1 vol. in-12.
110 **Balleydier** (A.). Veillées du peuple. 1 vol. in-12.
116 **Balleydier** (A). Veillées de famille. 1 vol. in-12.
117 — Veillées du presbytère. 1 vol. in-12.
118 — Veillées maritimes. 1 vol. in-12.
141 — Veillées militaires. 1 vol. in-12.
2408 — Veillées de vacances. 1 vol. in-12.
19 — Histoire du peuple de Lyon en 1789. 3 vol. in-4°.
1512 **Barante** (de). Hist. de Jeanne d'Arc. 1 vol. in-12.
569 **Barbé** (C.). Les sœurs de lait. 1 vol. in-12.
193 — Guillaume Tell. 1 vol. in-8°.
283 **Barberey** (M^me de). Elisabeth Seton des Etats-Unis. 1 vol. in-8°.
456 **Barbier** (C.). La filleule de la reine. 1 vol. in-12.
466 — Le chapelet de première communion. 1 vol. in-12.
741 — Les deux sièges de Calais. 1 vol. in-12.
560 — Mathilde de Montbrun. 1 vol. in-12.
138 — L'influence de la vertu. 1 vol. in-8°.
160 — Histoire de sainte Elisabeth de Hongrie. 1 vol. in-8°.
169 — L'ange de la maison. 1 vol. in-8°.
173 — Deux ans dans l'Inde. 1 vol. in-8°.
187 — Julia et Léontine. 1 vol. in-8°.

37 **Bareille**. Emilia Paula. 2 vol. in-8º.

412 — Histoire de saint Thomas d'Aquin. 1 vol. in-8º.

145 **Barghon** (de). Mémoires de M<sup>me</sup> Elisabeth de France. 1 vol. in-8º.

2085 **Barnabé** (R. P.). Saint François d'Assise. 1 vol. in-12.

1145 **Barr**. (Maurice). Mémoires d'une poule noire. 1 vol. in-12.

16 **Barrau** (Théod.). Amour filial. 1 vol. in-12,

1422 **Barret** (abbé). Histoire de sainte Jeanne de Valois. 1 vol. in-12.

2360 **Barry** (le docteur). La fiancée du capitaine Merle. 1 vol. in-12.

2737 **Barracaud** (Léon). Le manuscrit du sous-lieutenant. 1 vol. in-12.

807 **Barthe** (abbé). L'esprit de la R. Emilie. 2 v. in-12.

356 **Barthélemy**. Erreurs et mensonges historiques. 1 vol. in-12.

2205 — Le consulat et l'empire. 1 vol. in-12.

74 — Histoire de Turquie. 1 vol. in-8º.

1765 — Mesdames de France. 1 vol. in-12.

77 — Histoire de Russie. 1 vol. in-8º.

378 **Bassanville** (C<sup>sse</sup> de). La chambre rouge. 1 vol. in-12.

379 — Les salons d'autrefois. 4 vol. in-12.

383 — Les sentiers fleuris de la jeunesse. 1 vol. in-8º.

1546 — Les secrets d'une jeune fille. 1 vol. in-12.

17 — Le dimanche des familles. 2 vol. in-4º.

38 — Nouvelles cosmopolites. 1 vol. in-4º.

46 — Le monde tel qu'il est. 1 vol. in-4º.

49 — Les primeurs de la vie. 1 vol. in-4º.

50 — L'entrée dans le monde. 1 vol. in-4º.

1817 — De l'éducation des femmes. 1 vol. in-12.

373 — Les épis d'une glaneuse. 1 vol. in-8º.

1747 — La vengeance d'une morte. 1 vol. in-12.

1774 — Le soir et le matin de la vie. 1 vol. in-8º.

1543 **Baudoin** (Alphonse). Drames de village. 1 vol. in-12.

300 **Bauër** (M<sup>gr</sup>). Le but de la vie (conférences). 1 vol in-8º.

315 **Baunard** (abbé). Histoire de saint Ambroise. 1 vol. in-8º.

384 — Trois victoires. 1 vol. in-8º.

387 — Le vicomte de Melun. 1 vol. in-8º.

1936 — Le doute et ses victimes. 1 vol. in-12.

1947 — Hist. de M$^{me}$ Barat. 2 vol. in-12.

1946 — Hist. de M$^{me}$ Duchesne. 1 vol. in-12.

2174 — L'apôtre saint Jean. 1 vol. in-12.

420 — Vie du cardinal Pie. 2 vol. in-8º.

129 — **Bausset** (card. de). Histoire de Fénelon. 1 vol. in-12.

216 — Même ouvrage. 3 vol. in-8º.

130 — Histoire de Bossuet. 1 vol. in-12.

452 — Histoire de Bossuet. 3 vol. in-12.

532 **Bautain** (abbé). Les choses de l'autre monde. 1 vol. in-12.

1797 La chrétienne de nos jours. 1 vol in-12.

333 **Bawr** (M$^{me}$ de). Les soirées des jeunes personnes. 1 vol. in-12.

950 — Robertine. 1 vol. in-12.

913 **Bayle** (abbé). Vie de St Vincent Ferrier. 1 v. in-12.

914 — Vie de saint Philippe de Néri. 1 vol. in-12.

1000 — **Beauchesne** (de). Vie de Louis XVII. 2 vol. in-12.

240 — Même ouvrage. 2 vol. in-8º.

1949 — Hist. de M$^{me}$ Elisabeth. 2 vol. in-12.

670 **Beaulieu** (M$^{me}$ de). Contes d'une mère à sa fille. 1 vol. in-12.

682 — Le Robinson de 12 ans. 1 vol. in-12.

233 **Beauregard** (de). Histoire de Jeanne d'Arc. 2 vol. in-8º.

589 — Un homme d'autrefois. 1 vol. in-12.

964 **Beaurepaire** (de). Jérôme la Trompette. 1 vol. in-12.

2380 — Tante Lardelle. 1 vol. in-12.

1233 — Manja le Guerillero. 1 vol. in-12.

1381 **Beauvoir** (C$^{te}$ de). Voyage autour du monde. 3 vol. in-12.

1051 **Becdelièvre** (de). Souvenirs de l'armée pontificale. 1 vol. in-12.

34 **Becq** (abbé). Un pèlerin de Terre-Sainte. 1 vol. in-8º.

106 **Bédollière** (de la). Victoires et conquêtes des Français. 3 vol. in-8º.

2045 **Beecher** (Hariett). La fiancée du ministre. 1 vol. in-12.

2041 **Beecher-Stowe**. La case de l'oncle Tom. 1 vol. in-12.

1348 **Béesau** (abbé). L'esprit de l'éducation. 1 vol. in.-12

341 **Behrle** (Rodolphe). Roi et reine. 1 vol. in-12.

152 **Belamy** (Th.). Rome (nouveaux souvenirs). 2 vol. in-12.

1365 **Belcastel** (de). Ce que garde le Vatican. 1 vol in-12.

1552 **Belèze** (G.). Jeux des adolescents. 1 vol. in-12.

20 **Bèlet** (abbé). Souvenirs du chanoine Schmid. 2 vol. in-12.

1126 **Belin de Launay**. Du Natal au Zambèze. 1 vol. in-12.

1127 — Explorations dans l'Afrique australe. 1 vol. in-12.

1130 — Les sources du Nil. 1 vol. in-12.

1131 — Voyage dans le Sud-Ouest de l'Afrique. 1 vol. in-12.

1579 — Voyage au Brésil. 1 vol. in-12.

1589 — Au cœur de l'Afrique. 1 vol. in-12.

1592 — Comment j'ai retrouvé Livingstone. 1 vol. in-12.

1578 — Voyage de l'Atlantique au Pacifique. 1 vol. in-12.

1577 — La mer libre du Pôle. 1 vol. in-12.

109 **Bellerive** (Alf. de). Le chercheur de trésors. 1 vol. in-12.

325 **Bellerives** (de). L'ange des prisons. 1 vol. in-12.

149 — Sobieski ou la gloire de l'Europe chrétienne. 1 vol. in-8º.

96 **Belouino**. Hist. des persécutions de l'Eglise. 10 vol. in-8º.

836 **Benard** (abbé). Le Christ et César. 1 vol. in-12.

1510 **Benoît**. Marie. 1 vol. in-12.

371 **Benoît.** Saint Grégoire de Nazianze. 1 vol. in-8°.

1427 — Françoise, ou vocation d'un chrétienne. 1 vol. in-12.

1428 — Marguerite. 1 vol. in-12.

2253 **Bentzon.** Pierre casse-cou. 1 vol. in-12.

919 **Bergier** (abbé). Hist. de St Jean-Chrysostome, 1 vol. in-12.

371 **Berlioz d'Auriac.** La guerre noire. 1 vol. in-12.

925 **Bernhardt** (abbé). Tout pour Jésus. 1 vol. in-12.

986 **Berquin.** Choix de petits drames. 1 vol. in-12.

363 — Sandfort et Merton. 1 vol. in-8°.

1207 **Berseaux** (abbé). Les vices et les vertus. 2 vol. in-12.

261 **Berthaumier** (abbé). St Bonaventure. 1 vol. in-8°.

432 **Berthe** (le R.-P.). Garcia Moreno, président de l'Equateur, vengeur et martyr du droit chrétien. 1 vol. in-8°.

694 **Berthet** (Elie). Le douanier de mer. 1 vol. in-12.

1757 — Le gouffre. 1 vol. in-12.

870 — L'enfant des bois. 1 vol. in-12.

213 **Berthoud** (Henry). Les petites chroniques de la science. 3 vol. in-12.

1191 — Les soirées d'hiver. 1 vol. in-12.

394 — L'esprit des oiseaux. 1 vol. in-8°.

877 **Bertrand** (Vict.). Garo et son curé. 1 vol. in-12.

2238 **Besancenet** (Al. de). Dona Gracia. 1 vol. in-12.

906 **Besson** (Mgr). L'Homme-Dieu (conférences). 1 vol. in-12.

1205 — Vie de l'abbé Busson. 1 vol. in-12.

1209 — Le Décalogue (conférences). 2 vol. in-12.

1272 — Panégyriques et oraisons funèbres. 3 vol. in-12.

1362 — Les mystères de la vie future (conférences). 1 vol. in-12.

1368 — M. de Montalembert en Franche-Comté. 1 vol. in-12.

1374 — L'année d'expiation et de grâce. 1 vol. in-12.

1436 **Besson** (Mgr). Vie de Mgr Cart, évêque de Nîmes. 1 vol. in-12.

1445 — L'année des pèlerinages. 1 vol. in-12.

2036 — Le Sacré-Cœur (conférences). 1 vol. in-12.

2064 **Besson** (Mgr). Vie du cardinal Mathieu. 2 vol. in-12.

2280 — Frédéric de Mérode. 1 vol. in-12.

1798 — **Bessy** (Léon). Les ruines de mon couvent. 3 vol. in-12.

977 — **Beugnon** (de). Lucia de Mommor. 1 vol. in-12.

1006 — Antonia, ou les martyrs de Lyon. 1 vol. in-12.

1170 — Une tragédie de palais. 1 vol. in-12.

2394 — **Beugny d'Hagerue**. Le roman d'un jésuite. 1 vol. in-12.

2720 — Lucie. 1 vol. in-12.

2188 — Pauvre Lady. 1 vol. in-12.

2209 **Biart** (Lucien). Lucia Avila. 1 vol. in-12.

255 **Biechy** (A). Histoire du siège de Jérusalem. 1 vol. in-12.

1159 **Bion** (Pierre). Le doigt du commissaire. 1 v. in-12.

1835 **Blanc**. Souvenirs d'un vieux Zouave. 2 vol. in-12.

783 **Blanchard**. L'école des mœurs. 2 vol. in-12.

988 **Blanchère** (de la). Oncle Tobie le pêcheur. 1 vol. in-12.

1999 — Autour du lac. 1 vol. in-12.

1086 — Aventures de la Ramée. 1 vol. in-12.

1434 **Blandeau**. Patriotisme du clergé catholique. 1 vol. in-12.

1593 **Blandy**. Bénédicte. 1 vol. in-12.

2252 — 300 contes de Noël. 1 vol. in-12.

422 — Rouzeton. 1 vol. in-8°.

1943 — La dette de Zéena. 1 vol. in-12.

1955 — La Benjamine. 1 vol. in-12.

2062 — Un oncle à héritage. 1 vol. in-12.

2155 — La dernière chanson. 1 vol. in-12.

2156 — Le procès de l'absent. 1 vol. in-12.

2163 — Tante Marise. 1 vol. in-12.

2212 — Les épreuves de Norbert. 1 vol. in-12.

418 — Mon ami et moi. 1 vol. in-8°.

2213 —. Le petit roi. 1 vol. in-12.

474 **Blondel** (Mme). Elise, ou l'éducation particulière. 1 vol. in-12.

578 — Les cloches. 1 vol. in-12.

174 — Excursion au mont Saint-Bernard. 1 vol. in-8°.

177 **Boaca** (de). Calby, ou les massacre de septembre. 1 vol. in-12.

1201 **Bocquillon.** La vie des plantes. 1 vol. in-12.

899 **Boden**(M<sup>me</sup> de).Scènes de la vie intime 1 vol. in-12.

1549 — Elisabeth. 1 vol. in-12.

2396 **Boissin** (Firmin). Jean de la Lune. 1 vol. in-12.

1494 **Boissonnas** (M<sup>me</sup>). Une famille pendant la guerre. 1 vol. in-12.

1553 **Boiteau** (Paul). Légendes pour les enfants. 1 vol. in-12.

42 **Bonald** (de) Théorie du pouvoir. 2 vol. in-8°.

43 — Législation primitive. 1 vol. in-8°

44 — Du divorce. 1 vol. in-8'.

45 — Mélanges littéraires. 2 vol. in-8°.

46 — Recherches philosophiques. 1 vol. in-8°.

1107 **Bonhomme** (abbé). Histoire de l'abbé de Rancé. 1 vol. in-12.

1300 — Souvenirs du fort de l'Est en 1870. 1 vol. in-12.

1725 **Bonhomme** (H.). Le duc de Penthièvre. 1 v. in-12.

1744 **Bonneau** (Alfred) M<sup>me</sup> de Miramion. 1 vol. in-8°.

376 **Bonneaud-Avenant.** La duchesse d'Aiguillon. 1 vol. in-8°.

2003 — Fernan Caballero. 1 vol. in-12.

1486 **Bonnechose** (Emile). Lazare Hoche. 1 vol. in-12.

1242 **Bonnefonds** (M<sup>me</sup>). Mes souvenirs. 1 vol. in-12.

105 **Bordot** (A.). Légendes, souvenirs et récits. 1 vol. in-12.

2378 **Borel** (Georges). La famille du condamné. 1 vol. in-12.

2044 **Bornier** (H.). La Lizardière. 1 vol. in-12.

2715 — Comment on devient belle. 1 vol in-12.

1056 **Bossuat.** Alexandro. 1 vol. in-12.

230 **Bossuet.** Elévation à Dieu sur les mystères. 2 vol. in-12.

2301 **Boüard** (baronne de). Andréa. 1 vol. in-12.

778 **Bouffier** (R. P.). La V. Anna-Maria Taïgi. 1 vol. in-12.

1261 — La vie du vénérable Pignatelli. 1 vol. in-12.

1502 **Bougaud** (abbé). Histoire de la B. Marguerite-Marie. 1 vol. in-12.

4 **Bougaud** (abbé) Histoire de Ste Chantal. 2 v. in-8°.

232 — Histoire de sainte Monique. 1 vol. in-8°.

1421 — Le christianisme et les temps présents. 4 vol. in-12.

426 **Bougaud** (abbé). Le grand péril de l'Eglise de France au XIX\* siècle. 1 vol. in-12.

476 **Bouhours** (R. P.). Hist. de St François-Xavier. 2 vol. in-12.

602 **Bouilly**. Contes à mes petites amies. 1 vol. in-12.

609 — Contes populaires. 1 vol. in-12.

610 — Contes à ma fille. 1 vol. in-12.

611 — Contes aux enfants de France. 1 vol. in-12.

612 — Nouvelles causeries. 1 vol. in-12.

5 **Boulang** é(abbé). Mémoires sur la vie de sainte Chantal. 1 vol. in-8°.

2281 **Boulay** (de la Meurthe). Les dernières années du duc d'Enghien. 1 vol. in 12.

140 **Bouniol** (Bathild). La France héroïque. 3 vol. in-12.

628 — Quand les pommiers sont en fleur. 1 vol. in-12.

629 — Les combats de la vie. 1 vol. in-12.

630 — Les deux héritages. 1 vol. in-12.

631 — Les épreuves d'une mère. 1 vol, in-12.

893 — Cœur de bronze. 1 vol. in-12.

894 — A l'ombre du drapeau. 1 vol. in-12.

895 — La famille du vieux célibataire. 1 vol. in-12.

1090 — La caverne de Vaugirard. 1 vol. in-12.

1317 — Les marins français. 2 vol. in-12.

1495 — La filleule d'Alfred. 1 vol. in-12.

7 **Bourassé** (abbé). Les plus belles cathédrales de France. 1 vol. in-4°.

43 — Les plus belles églises du monde. 1 vol. in-4°.

54 — Abbayes et monastères. 1 vol. in-4°.

56 — La Terre-Sainte. 1 vol. in-4°.

258 **Bourdin**. Vie du V. Chanel, premier martyr de l'Océanie. 1 vol. in-8°.

123 **Bourdon** (Mme). Les homonymes de l'histoire. 1 vol. in-12.

332 — La vie réelle. 1 vol. in-12.

339 — Tableau d'intérieur. 1 vol. in-12.

340 — Quatre nouvelles historiques. 1 vol.

422 **Bourdon** (M^me) — Denise. 1 vol. in-12.
423 — Agathe, ou la première Communion. 1 vol. in-12.
425 — Une faute d'orthographe. 1 vol. in-12.
519 — Pulchérie. 1 vol. in-12.
520 — Anne Marie. 1 vol. in-12.
526 — Les trois sœurs. 1 vol. in-12.
615 — Les béatitudes. 1 vol. in-12.
616 — Les veillées du patronage. 1 vol. in-12.
617 — Les servantes de Dieu. 1 vol. in-12.
618 — La charité. 1 vol. in-12.
619 — Antoinette Lemire. 1 vol. in-12.
621 — Léontine. 1 vol. in-12.
622 — Le droit d'aînesse. 1 vol. in-12.
624 — Abnégation. 1 vol. in-12.
579 — Souvenirs d'une famille du peuple. 1 vol. in-12.
739 — Une parente pauvre. 1 vol. in-12.
764 — L'héritage de Françoise. 1 vol. in-12
766 — Souvenirs d'une institutrice. 1 vol. in-12.
768 — Quelques heures de solitude. 1 vol. in-12.
961 — La femme d'un officier. 1 vol. in-12.
1036 — Lettres à une jeune fille. 1 vol. in-12.
1037 — Onze nouvelles. 1 vol. in-12.
1097 — Les belles années. 1 vol. in-12.
1110 — Euphrasie. 1 vol. in-12.
1168 — L'adoption. 1 vol. in-12.
1185 — Marie Tudor. 1 vol. in-12.
1259 — La famille Reydel. 1 vol. in-12.
1315 — Le ménage d'Henriette. 1 vol. in-12.
1316 — Le matin et le soir. 1 vol. in-12.
1323 — Nouvelles variées. 1 vol in-12.
1353 — Catherine Hervey. 1 vol. in-12.
1408 — Marc de Lheiningen. 1 vol. in-12.
1500 — Le mariage de Thècle. 1 vol. in-12.
1535 — Fabienne et son père. 1 vol. in-12.
1795 (bis). — Andrée d'Effauges. 1 vol. in-12.
1840 — Histoire de Marie Stuart. 1 vol. in-12.
1962 — Mlle de Neuville. 1 vol. in-12.
1439 — Orpheline. 1 vol. in-12.
1473 — Le val Saint-Jean. 1 vol. in-12.
1859 — Le pain quotidien. 1 vol. in-12.

841 **Bourdon** (Mme). Nouvelles histor. 1 vol. in-12.
937 — Le divorce 1 vol. in-12.
620 — Marcia. 1 vol. in 12.
530 — Types féminins 1 vol. in-12.
531 — Hist. d'un agent de change. 1 vol. in-12.
1932 — Henriette de Bréhault. 1 vol. in-13.
1941 — Hist. d'une fermière. 1 vol. in-12.
1997 — Le lait de chèvre. 1 vol. in-12.
2112 — Rivalité. 1 vol. in-12.
2113 — Rêve accompli. 1 vol. in-12.
2190 — Les premiers et les derniers. 1 vol. in-12.
2191 — Seule dans Paris. 1 vol. in-12.
2221 — Jacqueline. 1 vol. in-12.
2329 — Femme et mari. 1 vol. in-12.
2404 — Ruth et Susanne. 1 vol. in-12.
2238 **Bourelly** (Jules). Le maréchal Fabert. 2 vol. in-12.
44 **Bourganel** (abbé). La voix du bonheur. 1 vol. in-18.
1794 **Bourgeois** (A.). Le musicien d'Ugine. 1 vol. in-12.
2067 — La goutte de miel. 1 vol. in-12.
1520 **Bourotte** (Mélanie). Au village. 1 vol. in-12.
1465 **Bousquet**. Blanda. 1 vol. in-12.
28 **Boyeldieu** (Mme). Le bonheur dans le devoir. 1 vol. in-8o.
377 **Boys** (Albert du). Catherine d'Aragon. 1 vol. in-8o.
1824 **Branchereau**. Vie de M. Hamon. 1 vol. in-12.
22 **Bray** (Marie de). Mémoires d'un bébé. 1 vol. in-12.
230 — Les deux beaux-frères. 1 vol. in-8o.
1702 **Bremer** (F.). Les voisins. 2 vol. in-12.
1756 — La vie de famille dans le Nouveau-Monde. 3 vol. in-12.
2024 — Un journal. 1 vol. in-12.
2723 — Les filles du président. 1 vol. in-12.
2376 **Bremond** (Jacques). Le drame de l'Aveyron. 1 vol. in-12.
98 **Bresciani**. La république romaine. 1 vol. in-12.
99 — Edmond. 1 vol. in-12.
100 — Le Juif de Vérone. 2 vol. in-12.
97 — Lionello. 1 vol. in-12.

1044 **Bresciani.** Mathilde de Canose. 1 vol. in-12.

1344 — La maison de glace. 1 vol. in-12.

203 **Breton** (M^me). Le triomphe de la conscience. 1 vol. in-8°.

2706 **Brettes** (abbé). Questions contemporaines (conférences). 1 vol. in-12.

955 **Brisset des Nos** (M^me). Les jeunes filles. 1 vol. in-12.

2313 **Broc** (vicomte de). Au coin du feu. 1 vol. in-12.

815 **Broglie** (princesse de). Les vertus chrétiennes. 1 vol. in-12.

1518 **Brownson.** Démétrius-Augustin Galitzin. 1 vol. in-12.

830 **Bruchman** (R. P.). Vie de la B. Lidwine. 1 vol. in-12.

875 **Brunoy** (M^me de). Loin de sa mère. 1 vol, in-12.

1152 **Buet.** Simon Pierre et Simon le Magicien, 1 vol. in-12.

1583 — La dame noire. 1 vol. in-12.

1630 — Le crime de Maltaverne. 1 vol. in-12.

1659 — Le maréchal de Montmayeur, 1 vol. in-12.

1684 — L'honneur du nom. 1 vol. in-12.

1683 — Hauteluce et Blanchelaine. 1 vol. in-12.

1977 — Les chevaliers de la Croix Blanche. 1 vol. in-12.

2023 — Histoire à dormir debout. 1 vol. in-12.

2278 — Aubanon Cinq-Liards. 1 vol, in-12.

386 — Le prêtre (drame). 1 vol. in 8°.

350 — **Buhot.** De la Tour d'Auvergne, 1^er grenadier de France. 1 vol. in-8°.

1789 **Bulwer Lytton.** Qu'en fera-t-il ? 2 vol. in-12.

1798 (bis) — Le dernier des barons. 2 vol. in-12.

2239 **Burnichon** (le R. P.). Les manuels d'éducation civique. 1 vol. in-12.

1232 **Busserolle** (de). Les deux vallées. 1 vol. in-12.

798 **Bussierre** (de). Histoire de sainte Radegonde. 1 vol. in-12.

99 — La guerre des Paysans. 2 vol. in-8°.

164 **Bussy** (de). Une croix d'or. 1 vol. in-12.

1326 — Les philosophes convertis. 1 vol. in-12.

# C

642 **Caballero** (Fernan). Clémencia. 1 vol. in-12.

2361 — La Mouette, traduit de l'espagnol. 2 vol. in-12.

1111 **Calas** (abbé). Le journal de Gaston. 2 vol. in-12.

2386 **Campfranc** (du). Rêve et réveil. 1 vol. in-12.

2408 — Le balcon de la Chenaie. 1 vol. in-12.

2233 — Exil. 1 vol. in-12.

360 **Camp** (Maxime du). Les convulsions de Paris. 4 vol. in-8º.

364 **Camus** (A.). Les Bohèmes du drapeau. 1 vol. in-12.

1498 **Cantacuzène** (princesse). Tante Agnès. 1 vol. in-12.

1740 **Cantacuzène Altieri** (Olga). Le passage d'un ange. 1 vol. in-12.

735 **Cantu** (César). Margherita Pusterla. 1 vol. in-12.

653 **Carcano**. Le chapelain de la Rovella. 1 vol. in-12.

1704 **Carlen** (Mme). Une femme capricieuse. 2 vol. in-12.

1895 **Caro**. Les jours d'épreuves. 1 vol. in-12.

866 **Carpentier** (Mlle). Mémoires de Barbe-Bleue. 1 vol. in-12.

922 — Les jumeaux de Lusignan. 1 vol. in-12.

2090 — Sauvons-le. 1 vol. in-12.

7 **Carraud** (Zulma). La petite Jeanne, ou le devoir. 1 vol. in-12.

998 — Une servante d'autrefois. 1 vol. in-12.

1089 — Le livre des jeunes filles. 1 vol. in-12.

1146 — Les goûters de la grand'mère. 1 vol. in-12.

30 **Carrey**. Les aventures de Robin Jouet. 1 vol. in-4º.

179 **Carron** (abbé). Confesseurs de la foi. 4 vol in-12.

119 **Carroy** (Mme). Le jeune instituteur. 1 vol. in-12.

289 **Cartier**. Le R. P. Hyacinthe Besson. 2 vol. in-8º.

352 — Fra Angelico. 1 vol. in-8º.

190 **Casamajor** (abbé). La religieuse du Carmel. 1 vol. in-12.

2337 **Cassan** (Marie). Le cahier rouge et le cahier bleu. 1 vol. in-12.

879 **Catalan** (Etienne). Manuel des honnêtes gens.
1 vol. in-12.

2204 **Catherine.** Les fiancés du Danemark. 1 vol. in-12.

430 **Catlin.** La vie chez les Indiens. 1 vol. in-12.

276 **Cattin** (abbé). Mémoires ecclésiastiques de Lyon
et de Belley. 1 vol. in-8º.

1447 **Caussette** (R. P.). Dieu et les malheurs de la
France. 1 vol. in-12.

1643 **Cauvain** Maximilien Heller. 1 vol. in-12.

1430 — Le roi de Gand. 1 vol. in-12.

2351 — Les proscrits de 1793. 1 vol. in-12.

1031 **Cazin.** La chaleur. 1 vol. in-12.

1930 **Cazin** (Jeanne). Les petits montagnards. 1 vol.
in-12.

2091 — Histoire d'un pauvre petit. 1 vol. in-12.

2331 Perlette. 1 vol. in-12.

751 **Cecyl** (Aymé). Simples récits. 1 vol. in-12.

213 — La croix d'Orval. 1 vol. in-8º.

1771 — Les jeunes filles. 1 vol. in-12.

2390 **Celières** (Paul). Une exilée. 1 vol. in-12.

20 **Celliez** (Mlle). Les impératrices. 2 vol. in-4º.

33 — Les reines de France. 2 vol. in-4º.

24 — Scènes de l'histoire contemporaine. 2 vol. in-4º.

34 — Les reines d'Espagne. 2 vol. in-4º.

868 et 389 **Cervantès Saavedra.** Don Quichotte de
la Manche. 1 vol. in-12, et 1 vol. in-8º.

470 **Chabannes** (Mme de). Le dévouement chrétien.
1 vol. in-12.

731 — La femme du sous-préfet. 1 vol. in-12.

1358 **Chabannes** (Mme de). Les fleurs de la Foi. 1 vol.
in-12.

756 — Deux intérieurs. 1 vol. in-12.

325 **Chaffanjon** (abbé). Les veuves et la charité.
1 vol. in-8º.

1718 **Chambrier** (de). Marie-Antoinette. 2 vol. in-12.

965 **Chamoux** (abbé). Vie du V. César de Bus. 1 vol.
in-12.

267 **Champagnac.** Arthur et Théobald. 1 vol. in-12.

650 — Auguste, ou le petit tambour. 1 vol. in-12.

651 — L'amour d'une mère. 1 vol. in-12.

652 **Champagnac.** Raphaël, ou l'enfant aveugle. 1 vol. in-12.

666 — Devoir et récompense, 1 vol. in-12.

724 — Le petit muet de Fribourg. 1 vol. in-12.

171 — Berthe et Théodoric. 1 vol. in-8º.

2 — L'hiver au coin du feu. 1 vol. in-4º.

135 **Champagny** (Cᵗᵉ de). Les Césars. 3 vol. in-12.

926 La charité chrétienne aux premiers siècles. 2 vol. in-12.

1363 — Le chemin de la vérité. 1 vol. in-12.

70 — Les Antonins. 3 vol. in-8º.

71 — Rome et la Judée. 1 vol. in-8º.

1653 **Chandeneux** (Claire de). Vaisseaux brûlés. 1 vol. in-12.

1821 — Les ronces du chemin. 1 vol. in-12.

1657 — Sans cœur! 1 vol. in-13.

1588 — Val-Régis la Grande. 1 vol. in-12.

1667 — Les terreurs de lady Susanne. 1 vol. in-12.

1573 — La tache originelle. 1 vol. in-12.

1052 — La croix de Mouguerre. 1 vol. in-12.

1066 — Cléricale! 1 vol. in-12.

1091 — L'automne d'une femme. 1 vol. in-12.

1483 — L'homme-pendule. 1 vol. in-12.

1167 — Secondes noces. 1 vol. in-12.

1192 — La vengeance de Geneviève. 1 vol. in-12.

1951 — Une fille laide. 1 vol. in-42.

1953 — Un roman dans une cave. 1 vol. in-12.

1704 (*bis*) — Les giboulées de la vie. 1 vol. in-12.

2701 — Les filles du colonel. 1 vol. in-12.

2700 — La femme du capitaine Aubépin. 1 vol. in-12.

2703 — Les deux femmes du major. 1 vol. in-12.

2702 — Le mariage du trésorier. 1 vol. in-12.

2713 — Un cœur de soldat. 1 vol. in-12.

228 **Chantal** (Mᵐᵉ de). Lettres. 5 vol. in-8º.

785 **Chantrel.** Les trois Eléonore. 1 vol. in-12.

1120 — La falaise de Mesnil-Val 1 vol. in-12.

438 — Lizzie Maitlan. 1 vol. in-12.

717 **Chapia** (abbé). Vie des saints. 2 vol. in-12.

1581 **Charton** (E.). Histoire de trois pauvres enfants. 1 vol. in-12.

2070 **Clair.** La jeunesse de St Augustin. 1 vol. in-12.

393 **Clastron** (abbé). Vie de Mgr Plantier. 2 vol. in-8º.

576 **Clément.** Vie de St Augustin. 1 vol. in-12.

1394 **Clèves** (abbé de). De l'éducation des filles. 1 vol. in-12.

2161 **Cochin** (Aug.). Conférences et lectures. 1 vol. i-12.

2162 — Les espérances chrétiennes. 1 vol. in-12.

1610 **Collas** (Louis). Jean Bresson, ou histoire d'un paysan. 1 vol. in-12.

871 **Colet** (Louise). Enfances célèbres. 1 vol. in-12.

148 **Collin de Plancy.** Godefroy de Bouillon. 1 vol. in-8º.

365 — Légendes des origines. 1 vol. in-8º.

367 — Légendes de l'histoire de France. 1 vol. in-8º.

896 — Le sanglier des Ardennes. 1 vol. in-12.

434 **Condamin** (l'abbé). La vie et les œuvres de Victor de Laprade. 1 vol. in-8º.

1100 **Congnet** (Henri). Mme de Bussières. 1 vol. in-12.

1024 **Conrad de Bolanden.** Barberousse. 1 vol. in-12.

206 **Conscience** (Henry). Scènes de la vie flamande. 1 vol. in-12.

1526 — Le démon de l'argent. 1 vol. in-12.

1609 — Le jeune docteur. 1 vol. in-12.

1631 — La guerre des paysans. 1 vol. in-12.

1712 — L'orpheline. 1 vol. in-12.

1877 — Les heures du soir. 1 vol. in-12.

1886 — Le démon du jeu. 1 vol. in-12.

1892 — Le fléau du village. 1 vol. in-12.

638 — Le gentilhomme pauvre. 1 vol. in-12.

1869 — Souvenirs de jeunesse. 1 vol. in-12.

1733 — La mère Job. 1 vol. in-12.

1736 — Le coureur des grèves. 1 vol. in-12.

1807 — Le conscrit. 1 vol. in-12.

156 **Conteur** (A. de). Anna et Maria, ou deux chemins dans la vie. 1 vol. in-12.

157 **Cooper** (Fenimore). Le corsaire rouge. 1 vol. in-12.

159 — Le dernier des Mohicans. 1 vol. in-12.

941 — Les pionniers. 1 vol. in-12.

1596 — L'écumeur de mer. 1 vol. in-12.

4 — **Cordier**(Alphonse). La lyre des enfants. 1 vol. in-12.

82 — Perles bleues. 1 vol. in-12.

102 — Veillées flamandes. 1 vol. in-12.

178 — Récits d'un promeneur. 1 vol. in-12.

742 — M<sup>me</sup> Elisabeth de France. 1 vol. in-12.

874 — Les aventures d'une mouche écrites par elle-même. 1 vol. in-12.

936 — A travers la France. 1 vol. in-12.

244 **Cortambert** (R.). Les illustres voyageuses. 1 vol. in-8°.

912 **Coudurier** (abbé). Vie de la B. Lidwine. 1 vol. in-12.

95 **Courcy** (Alf. de). Un nom. 1 vol. in-12.

189 — Esquisses. 1 vol. in-12.

1979 — Château à vendre. 1 vol. in-12.

2038 — Le bois de la Boulaye. 1 vol. in-12.

2046 — Le roman caché. 1 vol. in-15.

641 **Cournau** (du). Yvonnette. 1 vol. in-12.

353 **Cousin** (Victor). Madame de Longueville. 2 vol. in-8°.

1745 — Madame de Sablé. 1 vol. in-8°.

1768 — Jacqueline Pascal. 1 vol. in-8°.

1193 — **Craon** (M<sup>me</sup> de). Thomas Morus. 2 vol. in 12.

105 — Vie du même. 2 vol. in-8°.

828 **Crasset** (R.P.). Vie de Ste Catherine de Sienne. 1 vol. in-12.

1218 **Craven** (M<sup>me</sup> de). Adélaïde Capèce Minutolo. 1 vol. in-12.

1705 — Récits d'une sœur. 2 vol. in-12.

1708 — Fleurange. 2 vol. in-12.

1722 — Le mot de l'énigme. 2 vol. in-12.

1775 — Anne Severin. 1 vol. in-8°.

1611 — La sœur Natalie Narischkin. 1 vol. in-12.

1945 — Eliane. 2 vol. in-12.

400 — Le prince Albert. 2 vol. in-8°.

2251 — Le Valbriant. 1 vol. in-12.

2130 **Cresseden** (Lia). Réflexions de M. de Metz. 1 vol. in-12.

2132 **Cresseden** Sarah Jeffrier. 1 vol. in-12.
38 **Crétineau-Joly.** Histoire de la Vendée militaire. 4 vol. in-8º.
101 — Les généraux et les chefs vendéens. 1 vol. in-8º.
198 — Mémoires du cardinal Consalvi. 2 vol. in-8º.
263 — Les trois derniers Condé. 2 vol. in-8º.
293 — Histoire de la compagnie de Jésus. 5 vol. in-8º.
222 **Croiset** (R. P.) Année chrétienne. 18 vol. in-12.
1481 **Croizy** (Henri). Henriette. 1 vol. in-12.
1519 — Le roman intime. 1 vol. in-12.
1862 **Crollalanza** (de). Les compagnons de la Chausse. 1 vol. in-12.
1162 **Croy** (de). Marie, ou étude du foyer domestique. 1 vol. in-12.
601 **Cummins** (miss). L'allumeur de réverbères. 1 vol. in-12.
1655 — Mabel Vaughan. 2 vol. in 12.
1730 — La rose du Liban. 1 vol. in-12.
1070 **Curot** (abbé). Manuel des pères et mères. 1 vol. in-12.

# D

696 **Damas** (R. P. de). Voyage en Judée. 1 vol. in-12.
695 — Voyage au Sinaï. 1 vol. in-12.
933 — Voyage à Jérusalem. 2 vol. in-12.
239 **Daniel** (R. P.). Histoire de la B. Marguerite-Marie. 1 vol. in-8º.
1151 **Daras** (abbé). Les chrétiens sous Dioclétien. 1 vol. in-12.
1206 — Les saints du XVIIIᵉ siècle, 2 vol. in-12.
1320 — Petites fleurs du cloître. 1 vol. in-12.
292 **Darbins** (abbé). Vie et œuvres de Marie Lataste. 3 vol. in-8º.
397 **Darboy** (Mgr). Vie de St Thomas Becket. 2 vol. in-8º.
1022 **Darche.** St Georges, patron des guerriers. 1 vol. in-12.
394 **Darras** (abbé). La légende de Notre-Dame. 1 vol. in-12.

2413 **Darville** (Lucien). La vengeance du prêtre. 1 vol. in-12.

1450 **Daubanton** (R. P.). Vie de St François Régis. 1 vol. in-12.

46 **Daurignac**. Histoire de St François de Borgia. 1 vol. in-12.

214 — Histoire de M$^{me}$ de Chantal. 1 vol in-12.

477 — Histoire de St François-Xavier. 2 vol. in-12.

478 — Histoire du B. Pierre Claver. 2 vol. in-12.

709 — Blanche de Castille. 1 vol. in-12.

716 — Histoire de St Louis de Gonzague. 1 vol. in-12.

794 — Histoire de la Compagnie de Jésus. 2 vol. in-12.

920 — Vie du P. Clément Cathary. 1 vol. in-12.

1419 — Vie du B. Pierre Canisius. 1 vol. in-12.

1420 **Daurignac**. Histoire de St Louis de Gonzague. 1 vol. in-12.

264 — Vie de Maximilien d'Este. 1 vol. in-8º.

900 **Debeney** (abbé). Beauvalon. 1 vol. in-12.

462 **Debierne-Rey** (M$^{me}$). Le bon pasteur. 1 v. in-12.

395 **Delaborde** (H.). Lettres et pensées d'Hippolyte Flandrin. 1 vol. in-8º.

1072 **Delacroix** (abbé). Le volontaire pontifical. 1 vol. in-12.

1318 — Histoire de Fléchier, 2 vol. in-12.

115 **Delafaye-Brehier** (M$^{me}$). Le collège incendié. 1 vol. in-12.

269 — Les trois orphelines. 1 vol. in-12.

270 — Natalie, ou les dangers des préventions. 1 vol.

271 — Le pauvre Jacques. 1 vol. in 12.

613 — Les nouveaux petits Béarnais. 2 vol. in-12.

614 — Les orphelins piémontais. 1 vol. in 12.

671 — Les deux familles. 1 vol. in-12.

274 — La petite compagne d'études. 1 vol. in-12.

245 **Delaforest** (abbé). Instructions pour les protestants. 1 vol. in-12.

698 **Delaporte**. Les hommes noirs. 1 vol. in-12.

40 — Bataille au bord du chemin. 1 vol. in-18.

669 **Delarbre** (M$^{me}$). Les causeries d'une bonne mère. 1 vol. in-12.

1616 **Delaunay**. Le trappiste de Staouëli. 1 vol. in-12.

1517 **Delaunay.** Le retour. 1 vol. in-12.

1364 **Delauro-Dubez.** L'athée redevenu chrétien. 1 vol. in-12.

1019 **Delcroix** (Victor). Sous les platanes. 1 vol. in-12.

1189 — Les martyrs du Japon. 1 vol. in-8º.

1190 — La malédiction paternelle. 1 vol. in-8º.

26 — Les jeunes enfants illustres. 1 vol. in-4º.

1226 **Demange** (abbé). Marie mieux connue. 2 vol. in-12.

1349 **Demore** (abbé). Vie de Ste Claire. 1 vol. in-12.

2125 **Dequet.** Histoire de mon oncle et de ma tante. 1 vol. in-12.

643 **Derains** (M$^m$). Les leçons dans les fleurs. 1 vol. in-12.

368 **Derome.** Bible illustrée. 2 vol. in-8º.

1580 **Derosme** (Bernard). Dans tous les pays. 1 vol. in-12.

644 **Desborde-Valmore.** Les anges de la famille 1 vol. in-12.

216 **Desdouits.** Le livre de la nature. 4 vol. in-12.

1284 **Deslys.** Ma tante Jeanne. 1 vol. in-12.

1808 — La dot d'Irène. 1 vol. in-12.

1538 — La balle d'Iéna. 1 vol. in-12.

1633 — Maître Guillaume. 1 vol. in-12.

2352 — Le blessé de Gravelotte. 1 vol. in-12.

2349 — L'ami du village. 1 vol. in-12.

211 **Desnoyers** (Louis). Les aventures de Robert-Robert. 2 vol. in-12.

1575 — Les mésaventures de Jean-Paul Choppart. 1 vol. in-12.

236 **Destombes** (abbé). La persécution religieuse en Angleterre. 2 vol. in-8º.

151 **Desves** (M$^{lle}$). La sœur de charité. 1 vol. in-12.

154 — Marie de Kervon. 1 vol. in-12.

249 — Reine-Marguerite. 1 vol. in-8º.

30 **Devoille.** La fiancée de Besançon. 2 vol. in-12.

31 — Mémoires d'un curé de campagne. 1 vol. in-12.

32 — Le moine de Luxeuil. 2 vol. in-12.

33 — Le manteau brun. 2 vol. in-12.

34 — L'exilée. 1 vol in-12.

1855 **Dichens** Le magasin d'antiquités. 2 vol. in-12.
1785 — Dombey et fils. 3 vol. in-12.
522 — La petite Dorrit. 2 vol. in-12.
530 — David Copperfield. 2 vol. in-12.
949 **Didier**. Aux champs. 1 vol. in-12.
2015 — La petite Modeste. 1 vol. in-12.
50 **Dietrichstein** (de). Sa conversion. 1 vol. in-18.
90 **Dirks** (R. P.). Les caciques de Tlascala. 1 vol. in-12.
728 **Domenech** (Em.). Les gorges du diable. 1 vol. in-12.
324 **Doncourt** (de). Un missionnaire en épaulettes. 1 vol. in-8º.
44 — Les fastes de la marine française. 1 vol. in-4º.
276 **Doublet** (Victor). Aurélie et Mathilde. 1 vol. in-12.
283 — Diégo Ramire. 1 vol. in-12.
81 — Histoire de Napoléon Ier. 1 vol. in-8º.
281 — Isabelle de Saint-Georges. 1 vol. in-8º.
2129 **Douglas** (F.). Mes années d'esclavage et de liberté. 1 vol. in-12.
96 **Douhaire**. Les conteurs russes. 1 vol. in-12.
1916 — Le Décaméron russe. 1 vol. in-12.
512 **Drieude**. Dom Léo. 1 vol. in-12.
517 — Rosario. 1 vol. in-11.
113 **Drohojowska** (Csse). Les faux visages. 1 vol. in-12.
429 — Une jeune fille modèle. 1 vol. in-12.
503 — Légendes irlandaises. 1 vol. in-12.
755 — Les chrétiennes de la cour. 1 vol. in-12.
1802 — Conseils à une jeune fille. 1 vol. in-12.
834 — De l'éducation des filles. 1 vol. in-12.
878 — L'hiver à la campagne. 1 vol. in-12.
892 — Une saison à Nice. 1 vol. in-12.
1342 — Les femmes pieuses de la France. 1 vol. in-12.
32 — Les femmes illustres de la France. 1 vol. in-4º.
33 — Cluny et le sourd-muet. 1 vol. in-18.
536 **Drouet** (E.). Charitas (poésie). 1 vol. in-12.
2325 **Drumont** (Ed.). La France juive devant l'opinion. 1 vol. in-12.
2332 — La France juive. 2 vol. in-12.
1468 et 2421 **Dubarry** (Armand). Histoire d'une famille d'émigrants. 1 vol. in-12.

392 **Dubois.** Pauline, ou la jeune vierge romaine. 1 vol. in-12.

446 — Promenade au milieu des plantes. 1 vol. in-12.

663 — Fleurs d'amitié. 1 vol. in-12.

407 — L'abbé Hetsch. 1 vol. in-8°.

1804 **Dubois.** Madame Agnès. 1 vol. in-12.

8 — Paris catholique au XIXᵉ siècle. 1 vol. in-8°.

78 — Les croisades. 1 vol. in-8.

195 — Le Mexique. 1 vol. in-8°.

28 — Histoire de la Bourgogne. 1 vol. in-4°.

1759 — Sophie. 1 vol. in-12.

26 **Duchaine** (abbé). Les trois frères écossais. 1 vol. in-12.

2407 **Duchâteau** (Pierre). Deux puissances ennemies. 1 vol. in-12.

2274 — Notre demoiselle. 1 vol. in-12.

1872 **Ducpetiaux.** Les ordres monastiques. 1 vol. in-12.

712 **Ducret** (abbé). Souvenirs d'un pèlerinage aux Saints-Lieux. 1 vol. in-12.

803 **Dufau** (R. P.). Beautés de l'âme. 1 vol. in-12.

55 **Dupaigne** (Albert). Les montagnes. 1 vol. in-4°.

1387 **Dupanloup** (Mgr). La charité chrétienne. 1 vol. in-12.

125 — Même ouvrage. 1 vol. in-8°.

546 — Lettres sur l'éducation des filles. 1 vol. in-12.

378 — Conférences aux femmes chrétiennes. 1 v. in-8°.

2192 — Vie de N.-S. Jésus-Christ. 1 vol. in-12.

12 **Duplessy.** Trésor littéraire des jeunes personnes. 1 vol. in-8°.

608 **Dupuy.** La ferme et le château. 1 vol. in-12.

293 **Duquesne** (abbé). Les grandeurs de Marie. 2 vol. in-12.

1437 **Durand** (abbé). Notre-Dame de la Salette. 1 vol. in-12.

428 **Durandal** (Pierre). Le second voyage de Passe-Partout autour du monde. 1 vol. in-4°.

287 **Durand** (Hᵗᵉ). Le Rhin allemand. 1 vol. in-8°.

287 — Le Danube allemand. 1 vol. in-8°.

306 **Durieux** (abbé). Le diocèse de Lyon sous la Révolution. 1 vol. in-8°.

2285 **Duruy** (Albert). L'instruction publique et la démocratie, 1879-1886. 1 vol. in-8º.

2741 **Duruy** (Georges). L'unisson. 1 vol. in-12.

1844 **Dussieux** (L.). La guerre de 1870-1871. 2 vol. in-12.

1582 **Duval** (Jules). Notre pays. 1 vol. in-12.

182 **Duvoisin** (Mgr). Démonstrations évangéliques. 1 vol. in-12.

# E

42 **Ecalle** (abbé). Hist. d'une âme. 1 vol. in-18.

128 **Echerolles** (Alexandrine). Quelques années de ma vie. 2 vol. in-8º.

1064 **Ecrevisse**. La reine de mai. 1 vol. in-12.

680 **Edgeworth** (miss). Contes de l'adolescence. 1 vol. in-12·

2247 **Eliot** (Georges). Silas Marner. 1 vol. in-12.

1479 **Eltea** (d'). L'aumône sans argent. 1 vol. in-12.

978 **Emery** (Marie). Robert de Saverny. 1 vol. in-12.

980 — Princesse et esclave. 1 vol. in-12.

1157 — Le pèlerinage de la grâce. 1 vol. in-12.

204 — Une guerre de famille. 1 vol. in-8º.

331 — Une héritière. 1 vol. in-8º.

1923 — Trois mois au château. 1 vol. in-12.

156 **Emery** (abbé). L'esprit de sainte Thérèse. 1 vol. in-8º.

364 **Emmerich** (Catherine). La douloureuse passion de Notre-Seigneur. 1 vol. in-8º.

2734 **Enault** (Louis). La Circassienne. 2 vol. in-12.

106 **Epinois** (Henri de l'). Vie du Dauphin. 1 vol. in-12.

1715 **Erckmann-Chatrian**. Histoire d'un conscrit de 1813. 1 vol. in-12.

1831 — Le fou Yégof. 1 vol. in-12.

989 — Alsace (drame). 1 vol. in-12.

1726 **Ermite** (Jeanne l'). Idéal et réalité. 1 vol. in-12.

1576 **Ernouf** (baron). Deux inventeurs célèbres. 1 vol. in-12.

1669 — Histoire de trois ouvriers français. 1 vol. in-12.

128 **Espeisse.** La volière des enfants. 1 vol. in-12.

2385 **Espinez** (le docteur d'). Dom Bosco. 1 vol. in-12.

104 **Essards** (Alf. des). Le tour du cadran. 1 vol. in-12.

175 — Le chalet de maître Hoffmann. 1 vol. in-12.

180 — Le coin du feu. 1 vol. in-12.

685 — Une petite-fille de Robinson. 1 vol. in-12.

880 — Les deux veuves. 1 vol. in-12.

1186 — La richesse des pauvres. 1 vol. in-12.

1242 — L'enfant volé. 2 vol. in-12.

366 — Récits légendaires. 1 vol. in-8°.

639 — Le champ de roses. 1 vol. in-12.

1719 — La femme sans Dieu. 1 vol. in-12.

1985 — Le meneur de loups. 1 vol. in-12.

1147 **Estaing-d'Etampes.** Croix et Martel. 1 vol. in-12.

60 **Ethampes** (Gabrielle d'). La robe de la Vierge. 1 vol. in-12.

384 — La pupille du docteur. 1 vol. in-12.

524 — Les illusions d'Hélène. 1 vol. in-12.

562 — Les orphelins bretons. 1 vol. in-12.

583 — Juliette le Bhénic. 1 vol. in-12.

1236 — Les lavandières. 1 vol. in-12.

1327 — L'héritage du croisé. 1 vol. in-12.

1425 — Bretons et Vendéens. 1 vol. in-12.

1617 — Rome et Italie. 1 vol. in-12.

1801 — Le lion de Coëtavel. 1 vol. in-12.

1805 — Les colombes de la Forlière. 1 vol. in-12.

813 — Émilienne. 1 vol. in-12.

175 — Le foyer de famille. 1 vol. in-8°.

1822 — Iva et Ivette. 1 vol. in-12.

1508 — Les bruyères bretonnes, 1 vol. in-12.

1612 — Isabelle aux blanches mains. 1 vol. in-12.

1641 — Portraits de jeunes filles. 1 vol. in-12.

1645 — Le secret de l'innocent. 1 vol. in-12.

1509 — La petite reine des Korigans. 1 vol. in-12.

273 — Devoir et vertu. 1 vol. in-8°.

1460 — La main de velours. 1 vol. in-12.

1986 — La fille de l'organiste. 1 vol. in-12.

2057 — Germaine de Kerglas. 1 vol. in-12.

2068 — La famille du millionnaire. 1 vol. in-12.

2071 — Une haine séculaire. 1 vol. in-12.

2097 **Ethampes** (Gabrielle d'). La villa aux roses. 1 vol. in-12.

2140 — Les deux Alix. 1 vol. in-12.

2224 — L'aînée de la famille. 1 vol. in-12.

2222 — L'héritière du colonel. 1 vol. in-12.

2223 — La maison du docteur. 1 vol. in-12.

2248 — Le talisman de Marcelle. 1 vol. in-12.

2265 — Une petite-fille de Cendrillon. 1 vol. in-12.

2275 — Le sorcier de Kervistel. 1 vol. in-12.

2282 — La muette d'Orvault. 1 vol. in-12.

2286 — Les ruines du Fougueil. 1 vol. in-12.

2293 — Mellite Belligny. 1 vol. in-12.

2296 — Le château de Coëtlec. 1 vol. in-42.

1081 **Eustelle** (Marie). Ses écrits. 2 vol. in-12.

2237 **Evargéline d'Orr**. Le legs paternel (noce bretonne). 1 vol. in-12.

302 **Everlange** (abbé d'). Devoirs des servantes. 1 vol. in-12.

182 **Exauvillez** (d'). Le bon curé. 1 vol. in-12.

254 — Histoire de Godefroi de Bouillon. 1 vol. in-12.

263 — Quentin Durward. 1 vol. in-12.

265 — Henri Morton. 1 vol. in-12.

321 — Le forgeron de Perth. 1 vol. in-12.

570 — Woodstock, ou le cavalier. 1 vol. in-12.

136 — Le comte de Warfeuil. 1 vol. in-8º.

1899 — Waverley, ou il y a 60 ans. 1 vol. in-12.

1208 **Expilly** (Mᵐᵉ). La vierge de Pola. 1 vol. in-12.

121 **Eyma** (X.). Les poches de mon parrain. 1 vol. in-12.

1888 — La chasse à l'esclave. 1 vol. in-12.

# F

2231 **Fabry**. Bonheur perdu. 1 vol. in-12.

1321 **Faivre** (abbé). Portefeuille d'un aumônier militaire. 1 vol. in-12.

149 **Falaise** (Céline). Leçons d'une mère à ses enfants. 1 vol. in-12.

509 — Clotilde chez les Francs. 1 vol. in-12.

270 — La fiancée vendéenne. 1 vol. in-8º.

284 **Falaise** (Céline) La pieuse Magdeleine. 1 vol. in-8º.

2411 **Falignan** (Ernest). Le mendiant de la Coudraie. 1 vol. in-12.

426 **Fallet** (Céline). Les trois sœurs. 1 vol. in-12.

488 — La famille Vernier. 1 vol. in-12.

464 — Le coffret d'ébène. 1 vol. in-12.

473 — Eugénie, ou la mémoire du cœur. 1 vol. in-12.

490 **Fallet** (Céline). Hist. de Marie Stuart. 1 vol. in-12.

561 — Noblesse oblige. 1 vol. in-12.

565 — Le premier pas. 1 vol. in-12.

1013 — Bernard et Raoul. 1 vol. in-12.

1015 — Le fils du fermier. 1 vol. in-12.

1016 — L'amour du devoir. 1 vol. in-12.

137 — Arthur de Bretagne. 1 vol. in-8º.

159 — Histoire de Pierre-le-Grand. 1 vol. in-8º.

162 — Bertrand du Guesclin. 1 vol. in 8º.

165 — L'homme propose et Dieu dispose. 1 vol. in-8º.

172 — Conquête de l'Algérie. 1 vol. in-8º.

184 — Galerie des artistes célèbres. 1 vol. in-8º.

186 — Jeanne de Montfort. 1 vol. in-8º.

192 — La réconciliation. 1 vol. in-8º.

270 — Un revers de fortune. 1 vol. in-8º.

285 — Blanche de Villaflor. 1 vol. in-8º.

29 — Anne de Kervan. 1 vol. in-4º.

31 — La France (illustré). 1 vol. in-4º.

38 **Falloux** (Cte de). Lettres de madame Swetchine. 2 vol. in-12.

238 — Nouvelles lettres de Mme Swetchine. 1 vol. in-8º.

908 — Hist. de St Pie V. 2 vol. in-12.

1297 — Louis XVI (sa vie). 1 vol. in-12.

265 — Louis XVI (son éducation). 1 vol. in-8º.

121 — Vie de Mme Swetchine. 2 vol. in-8º.

183 — Correspondance du R. P. Lacordaire. 1 vol. in-8º.

2160 — Augustin Cochin. 1 vol. in-12.

2214 — Etudes et souvenirs. 1 vol. in-12.

1848 **Faouët** (du). La cour de Versailles. 1 vol. in-12.

245 **Farine** (Charles). A travers la Kabylie. 1 vol. in-8º.

273 **Farrenc** (Césarine). Léonce, ou le retour à la vertu. 1 vol. in-12.

286 **Farenc**. Ernestine, ou les charmes de la vertu. 1 vol. in-12.

463 — Les bons frères. 1 vol. in-12.

505 — Frédéric, ou l'amour de l'argent. 1 vol. in-12.

508 — Antoine et Joseph, ou les deux éducations. 1 vol. in-12.

873 — **Fath** (Georges). La sagesse des enfants. 1 vol. in-12.

1283 **Faucon** (M^lle). Lettres d'une jeune fille. 1 vol. in-12.

1114 — Voyage d'une jeune fille autour de sa chambre. 1 vol. in 12.

953 **Fayette** (de la). La prime d'honneur. 1 vol. in-12.

1060 **Feillet**. Histoire de Bayard. 1 vol. in-12.

1792 — Mémoires du cardinal de Retz. 1 vol. in-12.

719 — La carmélite. 1 vol. in-12.

147 — Conférences à Notre-Dame, 1856-1867. 10 vol. in-8°.

120 **Fénelon**. Les aventures de Télémaque. 1 vol. in-12.

258 — De l éducation des filles. 1 vol. in-12.

811 — Lettres à un jeune homme. 1 vol. in-12.

47 — Le christianisme présenté aux hommes du monde 6 vol. in-18.

34 **Féré** (Octave). Les sept étoiles de Bohême. 1 vol. in-18.

305 **Fernand** (Pauline). L'enfant du naufrage. 1 vol. in-8°.

824 **Ferrucci** (M^me). Vie et lettres de Rose Ferrucci. 1 vol. in-12.

1522 **Fertiault** (Julie). L'éducation du cœur. 1 vol. in-12.

1694 — Le berger du Béage. 1 vol. in-12.

2729 **Feuillet** (Octave). La morte. 1 vol. in-12.

1682 **Féval** (Paul). Les veillées de famille. 1 vol. in-12.

1686 — L'homme de fer. 1 vol. in-12.

1629 — La fée des grèves. 1 vol. in-12.

1682 — Le château de velours. 1 vol. in-12.

1788 — La ville vampire. 1 vol. in-12.

1624 — La belle étoile. 1 vol in-12.

1679 **Féval**. Le dernier chevalier. 1 vol in-12.

1974 — Valentine de Rohan. 1 vol. in-12.

1982 — Les étapes d'une conversion. 3 vol. in-12.

2011 — La louve 1 vol. in-12.

2020 — Les couteaux d'or. 1 vol. in-12.

2021 — Frère Tranquille. 1 vol. in-12.

2022 — Château pauvre. 1 vol. in-12.

2739 — Le capitaine Simon.

2077 — Le capitaine Simon. 1 vol. in-12.

2142 — Le mendiant noir. 1 vol. in-12.

2143 — Rollan Pied-de-fer. 1 vol. in-12.

2144 — Le régiment des géants. 1 vol. in-12.

2151 — Le loup blanc. 1 vol. in-12.

2167 — L'homme du gaz.

2207 — Le chevalier Ténèbre. 1 vol. in-12.

2217 — Le poisson d'or. 1 vol. in-12.

429 **Feyrol** (J.) Les Français en Amérique. 1 vol. in-4º.

272 **Fiévée** (Mlle). Reconnaissance et dévouement. 1 vol. in-8º.

2382 **Fieux** (Pierre). Le mariage de Ségare. 1 vol. in-12.

112 **Fillassier** (abbé). Eraste, ou l'ami de la jeunesse. 2 vol. in-8º.

588 **Filleul-Pétigny**. Les anges de la vallée. 1 vol.

942 **Fillon** (abbé). Marie de Longevialle. 2 vol. in-12.

127 **Flammerang** (Mme de). La jeune mère institutrice. 1 vol. in-12.

2707 **Fleming**. Les chaînes d'or. 1 vol. in-12.

200 **Fleuriot** (Zénaïde). Souvenirs d'une douairière. 1 vol. in-12.

380 — Histoire pour tous. 1 vol. in-12.

385 — Cadock. 1 vol. in-8º.

343 — Réséda. 1 vol. in-12.

383 — Un cœur de mère. 1 vol. in-12.

575 — La vie en famille. 1 vol. in-12.

625 — Marquise et pêcheur. 1 vol. in-12.

626 — Une famille bretonne. 1 vol. in-12.

745 — Yvonne de Coatmorvan. 1 vol. in-12.

770 — Au hasard. 1 vol. in-12.

861 — La glorieuse. 1 vol. in-12.

971 — Le chemin et le but. 1 vol. in-12.

1039 **Fleuriot** (Zénaïde). L'oncle Trésor. 1 vol. in-12.
1040 — La clef d'or. 1 vol. in-12.
1063 — Petite Belle. 1 vol. in-12.
1106 — Une année de la vie d'une femme. 1 vol. in-12.
1165 — Sans nom. 1 vol. in-12.
1166 — Deux bijoux. 1 vol. in-12.
1197 — Mon sillon. 1 vol. in-12.
1248 — Ce pauvre vieux ! 1 vol. in-12.
1269 — Notre passé. 1 vol. in-12.
1275 — Une Parisienne sous la foudre. 1 vol. in-12.
1294 — Mes héritages. 1 vol. in-12.
1295 — Marga. 1 vol. in 12.
1352 — Les mauvais jours. 1 vol. in-12.
1454 — En congé. 1 vol. in-12.
1954 — Faraude. 1 vol. in-12.
1958 — Bonnasse. 1 vol, in-12.
1959 — Cadette. 1 vol. in-12.
2012 — Tombée du nid. 1 vol. in-12.
 396 — Mandarine. 1 vol. in-8°.
2031 — Charybde et Scylla. 1 vol. in-12.
2032 — Tranquille et Tourbillon. .
2033 — Alberte. 1 vol. in-12.
1463 — Armelle Trahec. 1. vol. in-12.
1651 — Un enfant gâté. 1 vol. in-12.
1088 — Une chaîne invisible. 1 vol. in-12.
1116 — Alix. 2 vol. in-12.
1407 — Les pieds d'argile. 2 vol. in-12.
1431 — Le petit chef de famille. 1 vol. in-12.
1557 — Plus tard. 1 vol. in-12.
 336 — Monsieur Nostradamus. 1 vol. in-8°.
1411 — Aigle et colombe. 1 vol. in-12.
1561 — Un fruit sec. 2 vol. in-12.
 771 — Les Prévallonnais. 2 vol. in-12.
 340 — La petite duchesse. 1 vol. in-8°.
 385 — Sans beauté. 1 vol. in-12.
 769 — Eve. 1 vol. in-12.
1102 — Histoire intime. 1 vol. in-12.
1857 — La Rustaude. 1 vol. in-12.
 359 — Raoul Daubry. 1 vol. in-8°.
2034 — Miss Idéal. 1 vol. in-12.

399 **Fleuriot** (Zénaïde). Grand cœur. 1 vol in-8°.

2060 — L'héritier de Kerguignon. vol. in-12.

2061 — Sous le joug. 1 vol. in-12.

2261 — Ces bons Rosaëc. 1 vol. in-12.

2290 — Le cœur et la tête. 1 vol. in-12.

2318 — De fil en aiguille. 1 vol. in-12.

424 — Le clan des Têtes-Chaudes. 1 vol. in-8°.

2092 — Bouche en cœur. 1 vol. in-12.

2111 — Les aventures d'un rural. 2 vol. in-12.

2145 — Désertion. 1 vol. in-12.

416 — Caline. 1 vol. in-8°.

417 — Feu et flamme. 1 vol. in-8°.

2191 — Gildas l'intraitable. 1 vol. in-12.

2195 — Bigarrette. 1 vol. in-12.

2331 — Au Galador. 1 vol. in-12.

2403 — Parisiens et montagnards. 1 vol. in-12.

385 — Cadok. 1 vol. in-8.

237 **Fleury** (abbé). Catéchisme historique. 1 vol in-12.

238 — Mœurs des Israëlites. 1 vol. in-12.

1084 **Fleury.** La révolution contre Rome. 1 vol. in-12.

2128 **Florinda** (Mme). Récit d'une jeune femme. 1 vol. in-12.

337 **Fliche** (Mgr). Marie-Félicie des Ursins. 2 vol. in-8°.

435 **Foa** (Eugénie). Le petit Robinson de Paris. 1 vol. in-12.

603 — Six histoires de jeunes filles. 1 vol. in-12.

604 — Les petits marins. 1 vol. in-12.

605 — Contes historiques. 1 vol. in-12.

606 — Les petits musiciens. 1 vol. in-12.

607 — Les petits peintres. 1 vol. in-12.

608 — Les contes de ma bonne. 1 vol. in-12.

370 — Récits variés, 5 vol. in-8°.

1 **Foë** (Daniel de). Aventures de Robinson Crusoé. vol. in-12.

307 **Foisset.** Vie du R. P. Lacordaire. 2 vol. in-8°.

883 **Fontane** (Marius). La guerre d'Amérique. 2 vol. in-12.

1077 **Fonvielle** (de). Eclairs et tonnerre. 1 vol. in-12.

1649 — Le glaçon du Polaris. 1 vol. in-12.

1398 **Forbes** (R. P.). Un missionnaire en Angleterre. 1 vol. in-12.

1074 **Forgues.** Voyages d'un faux derviche. 1 vol. in-12.

857 **Fortoul** (Louis). Récits mignons. 1 vol. in-12.

161 **Foudras** (marquis de). Suzanne d'Estouville. 2 vol. in-12.

1910 — Saint-Jean-Bouche-d'or. 1 vol. in-12.

1720 — Le père la Trompette. 1 vol. in-12.

1731 — Jacques de Brancion. 2 vol. in-12.

17 — Même ouvrage. 5 vol. in-8°.

1799 — Les misères dorées. 1 vol. in-12.

337 **Fouinet** (Ernest). Souvenirs de voyage. 1 vol. in-12.

800 — L'île des Cinq. 1 vol. in-12.

993 **Fouqueau.** Le grand-père. 1 vol. in-12.

1897 **Franc.** La morale pour tous. 1 vol. in-12.

1621 **Franclieu** (de). Vie de la mère Elisabeth Giraud. 1 vol. in-12.

738 **Franco** (R. P.). Réponses aux objections contre la religion. 1 vol. in-12.

833 — De l'éducation de l'enfance et de la jeunesse. 1 vol. in-12.

1065 — Benjamine. 1 vol. in-12.

1281 — Les croisés de Saint-Pierre. 3 vol. in-12.

1787 **Franz** (Mme). Hermann et Wilhelmine. 1 vol. in-12.

180 **Frayssinous** (Mgr). Conférences sur le christianisme. 3 vol. in-8°.

304 **Freppel** (Mgr). Discours et panégyriques. 2 vol. in-8°.

346 **Fullerton** (Georgina). Laurentia, ou histoire du Japon. 1 vol. in-12.

1814 — Dona Louisa de Carvajal. 1 vol. in-12.

1681 — Plus vrai que vraisemblable. 2 vol. in-12.

355 — La comtesse de Bonneval. 1 vol. in-8°.

1803 — Une vie orageuse. 2 vol. in-12.

1767 — Rose Leblanc. 1 vol. in-8°.

2001 — Ginevra. 1 vol. in-12.

2005 — Rose Mary. 1 vol. in-12.

2708 — L'oiseau du bon Dieu. 1 vol. in-12.

2196 — La nièce de Mme Gerald. 2 vol. in-12.

2717 — Ginevra. 1 vol. in-12.

# G

252 **Gabourd** (A). Hist. de France. 3 vol. in-12.
1885 — Cours d'histoire de 1789 à 1867. 1 vol. in-12.
83 — Hist. de Louis XIV. 1 vol. in-8°.
102 — Hist. de la Révolution française. 10 vol. in-8°.
413 — Hist. de St-Pierre. 1 vol. in-8°.
2157 **Gabriac**. Le R. P. de Ponlevoy. 1 vol. in-12.
1293 **Gabryel** (Louis). Danube, Nil et Jourdain. 3 vol. in-12.
260 **Gaduel** (abbé). J.-Joseph Allemand, directeur de la jeunesse. 1 vol. in-8°.
2718 **Gaël** (P.). Les richesses de M^me Fortuné. 1 vol. in-12.
905 **Gagarin**. Conversion d'une dame russe. 1 vol. in-12
1442 **Gagne** (M^me). Nancy Vallier. 1 vol. in-12.
172 **Gall**. La duchesse Anne. 1 vol. in-12.
23 **Gallais** (Le). Chroniques du mont Saint-Bernard. in-8°.
93 — La Savoie et le Piémont. 1 vol. in-8°.
647 **Galland**. Les mille et une nuits. 2 vol. in-12.
1811 **Garde** (R.). Marie-Rose, ou la résignation. 1 vol. in-12.
2305 **Garneray** (L.). Mes pontons, neuf années de captivité. 1 vol. in-12.
1884 **Gaskell**. Nord et Sud. 2 vol. in-12.
1839 — Autour du sopha. 1 vol. in-12.
1727 — Nos femmes et nos filles. 2 vol. in-12.
1191 **Gaulle** (M^me de). Quelques récits. 1 vol. in-12.
809 **Gaume** (Mgr). L'eau bénite au XIX^e siècle. 1 vol. in-12.
1096 — Credo. 1 vol. in-12.
1105 — Hist. du bon larron. 1 vol. in-12.
151 — Catéchisme de persévérance. 8 vol. in-8°.
2334 **Gautier** (Léon). Portraits littéraires. 1 vol. in-12.
1204 **Gaveau** (abbé). Vie de St Stanislas Kostka. 2 vol. in-12.
1606 — La sœur Maria de St-Vincent-de-Paul. 1 vol. in-12.

341 **Gay** (abbé) Conférences aux mères chrétiennes. 2 vol. in-8°.

2242 **Gay** (J.-B.). Frère et sœur. 1 vol. in-12.

595 **Gay** (R. P.). Les larmes de Rachel. 1 vol. in-12.

1693 — Victorius, ou Rome aux premiers temps. 1 vol. in-12.

129 **Gazzera** (abbé). Les veilles de S. Augustin. 1 vol. in-8°.

345 **Geiger** (abbé). Lydia. 1 vol. in-12.

1011 — Léandre et Hermigild. 2 vol. in-12.

915 **Gelinsky.** Vie de M^{me} Gelinsky. 1 vol. in-12.

2 **Genlis** (M^{me} de). Contes moraux. 1 vol. in-12.

104 **Geramb** (R. P. de). Pèlerinage à Jérusalem. 3 vol. in-8°.

111 — Voyage de la Trappe à Rome. 1 vol. in-8°.

459 **Gérard.** Les amis de pension. 1 vol. in-12.

499 — Maria l'orpheline. 1 vol. in-12.

725 — Le tueur de lions. 1 vol. in-12.

401 **Gerbet** (Mgr). Esquisse de Rome chrétienne. 2 vol. in-12.

567 **Gerbier.** Raoul d'Obercourt. 1 vol. in-12.

26 — Marie de Bourgogne. 1 vol. in-8°.

486 **Germain** (de Saint-). Emile, ou le jeune agriculteur. 1 vol. in-12.

577 — (de Saint-). Vie de Marie-Antoinette. 1 vol. in-12.

16 — Pour une épingle. 1 vol. in-18.

18 — Mignon. 1 vol. in-18.

19 — Dolorès. 1 vol. in-18.

20 — La veilleuse. 1 vol. in-18.

21 — La feuille de coudrier. 1 vol. in-18.

22 — L'art d'être malheureux. 1 vol. in-18.

23 — Pour parvenir. 1 vol. in-18.

35 **Gilbert.** L'Afrique inconnue. 1 vol. in-8°.

1385 **Ginoulhiac** (Mgr). Le sermon sur la montagne. 1 vol. in-12.

1032 **Girard.** Les métamorphoses des insectes. 1 vol. in-12.

339 **Girardin.** La toute petite. 1 vol. in-8°.

2066 — Les épreuves d'Etienne. 1 vol. in-12.

402 **Girardin**. Les millions de la tante Zézé. 1 vol. in-12.

2241 — Le locataire des D^lles Rochet. 1 vol. in-12.

423 — Le capitaine Bassinoire. 1 vol. in-8°.

415 — Hist. d'un Berrichon. 1 vol. in-8°.

82 **Giraudière** (de la). L'Irlande, son origine, etc 1 vol. in-8°.

1931 **Giron** (Aimé). Ces pauvres petits. 1 vol. in-12.

2344 — Le manoir de Meyrial. 1 vol. in-12.

2731 — Un mariage difficile. 1 vol. in-12.

2370 — La béate. 1 vol. in-12.

2375 — Les lurons de la Ganse. 1 vol. in-12.

152 **Giry** (R. P.). Vie des Saints. 8 vol. in-8°.

1772 **Gjertz** (M^me). Gabrielle. 1 vol. in-12.

1213 **Godard** (abbé). Journal d'une Visitandine. 1 vol. in-12.

8 — L'Espagne, mœurs et paysages. 1 vol. in-4°

60 **Godefroy** (Frédéric). La mission de Jeanne d'Arc. 1 vol. in-4°.

2013 **Gonon** (E.). Le million de Marthe. 1 vol. in-12

374 **Gorman** (William). Le foyer assiégé. 1 vol. in-12.

375 — Le prophète du monastère ruiné. 1 vol. in-12.

275 **Gorsas** (M^me). Les veillées d'une mère. 1 vol. in-12.

667 **Goudé** (abbé). Le collège. 1 vol. in-12.

727 **Gouët** (Amédée). La noblesse de nos jours. 1 vol. in-12.

1698 — L'homme d'argent. 1 vol. in-12.

753 **Gouraud** (Julie). Lettres de deux poupées. 1 vol. in-12.

754 — Mémoires d'un petit garçon 1 vol. in-12.

865 — Mémoires d'un caniche. 1 vol. in-12.

927 — Les vacances d'Yvonne. 1 vol. in-12.

928 — Education d'Yvonne. 1 vol. in-12.

932 — Causeries et mélanges. 1 vol. in-12.

936 — Petites vérités aux jeunes personnes. 1 vol. in-12.

931 — Scènes et proverbes. 1 vol. in-12.

1053 — Le petit colporteur. 1 vol. in-12.

1059 — Cécile, ou la petite sœur. 1 vol. in-12.

1139 **Gouraud** (Julie). L'enfant du ¡guide. 1 vol. in-12.
1240 — Les enfants de la ferme. 1 vol. in-12.
1310 — Le livre de maman. 1 vol. in-12.
1928 — Chez grand'mère. 1 vol. in-12.
2330 — Minette. 1 vol. in-12.
2086 — Le vieux château. 1 vol. in-12.
2087 — Le petit bonhomme. 1 vol. in-12.
1870 — Les filles du professeur. 1 vol. in-12.
1647 — La famille Harel. 1 vol. in-12.
929 — Geneviève ou l'enfant de la Providence. 1 vol. in-12.
1400 — Petite et grande. 1 vol. in-12.
1433 — Les quatre pièces d'or. 1 vol. in-12.
930 — Florence Raymond. 1 vol. in-12.
365 **Gournerie** (Eugène de la). Rome chrétienne. 2 vol. in-12.
2736 **Goyot** (Emile). Madeleine. 1 vol. in-12.
80 — Hist. de François Ier. 1 vol. in-8º.
89 **Gracerie** (de la). Adélaïde ou la couronne de fer. 1 vol. in-12.
1268 **Grandmaison-y-Bruno**. L'écharpe bleue. 1 vol. in-12.
1187 **Grandpré** (Pauline). Le jeune apôtre de l'Océanie. 1 vol. in-12.
1264 **Grange** (Jean). Journal d'un ouvrier. 1 vol. in-12.
1280 — Notes d'un commis-voyageur. 1 vol. in-12.
1461 — Hist. d'un jeune homme. 1 vol. in-12.
1843 — La pierre philosophale. 1 vol. in-12.
1833 — Le Robinson d'eau douce. 1 vol. in-12.
1851 — Par-dessus le buisson, 1 vol. in-12.
1850 — Les malheurs d'un bachelier. 1 vol. in-12.
1823 — Souvenirs d'un gendarme. 1 vol. in-12.
1834 — Ville et village. 1 vol. in-12.
2198 — Mémoires d'un vieux drapeau, 1 vol. in-12.
2199 — Sous les châtaigniers. 1 vol. in-12.
2364 — Les révélations d'un sacristain. 1 vol. in-12.
1235 **Grange** (de la). Le batelier du Tibre. 1 vol. in-12.
1257 — La victoire, ou épisode de la guerre de Trente Ans. 1 vol. in-12.
328 **Gratry** (R. P.). Souvenirs de jeunesse. 1 v. in-8º.

356 **Gratry** (R. P ) Henri Perreyve. 1 vol. in-8º.

1499 **Gravière** (de la). Voyage dans les mers de Chine. 2 vol. in-12.

224 **Grenade** (Louis de). Le guide des pécheurs. 2 v. in-12.

181 — Catéchisme. 4 vol. in-12.

176 -- Mémorial de la vie chrétienne. 3 vol. in-12.

2398 **Gréville** (Henri). La fille de Dosia. 1 vol. in-12.

975 — Le moulin Frappier. 2 vol. in-12.

1271 — Dosia. 1 vol. in-12.

858 — Les Koumiassine. 2 vol. in-12.

2133 **Grimblot.** La comtesse de Semainville. 1 vol. in-12.

225 **Guénée** (abbé). Lettres de quelques Juifs. 3 vol. in-12.

749 **Guenot.** L'ermite du mont des Oliviers. 1 vol. in-12.

752 — Michel Soudais. 1 vol. in-12.

1007 — Les fils d'Arius. 1 vol. in-12.

1008 — Hanani l'Essénien. 1 vol. in-12.

1143 — Le Kosak Wasili. 1 vol. in-12.

212 — Epopées de l'histoire de France. 4 vol. in-8º.

269 — Reginald, ou le fils de la Juive. 1 vol. in-8º.

346 — Le maître de Hongrie. 1 vol. in-8º.

10 — Le comte de Tyrone. 1 vol. in-4º.

2083 — **Guepratte** (abbé). Berthe Bisot. 1 vol. in-12.

176 **Guérin** (Léon). Qui donne aux pauvres prête à Dieu. 1 vol. in-12.

718 **Guérin.** La B. Marguerite-Marie Alacoque. 1 vol. in-12.

49 **Guérin** (Eugénie de). Journal et lettres. 2vol. in-12.

361 — Même ouvrage. 1 vol. in-8º.

48 **Guérin** (Maurice de). Lettres. 1 vol. in-12.

1996 **Guerrier de Haupt.** Un drame au village. 1 vol. in-12.

2016 — Un châtelain au XIXᵉ siècle. 1 vol. in-12.

2362 — Le trésor de Kermerel. 1 vol. in-12.

2374 — Le roman d'un athée. 1 vol. in-12.

393 **Guéullette** (abbé). Pazzini et Silvia. 1 vol. in-12.

161 **Guibout**. L'histoire du Portugal. 1 vol. in-8º.

166 — Rome et Carthage. 1 vol. in-8º.

.921 **Guidée** (R. P.). Vie du B. Joseph Varin. 1 vol. in-12.

923 — Souvenirs de Saint-Acheul. 1 vol. in-12.

1029 **Guillemin**. La lune. 1 vol. in-12.

1 — Le souvenir du ciel. 1 vol. in-4º.

53 — Jeanne d'Arc (poème). 1 vol. in-4º.

316 **Guillon** (Nanine). Cinq années de la vie des jeunes filles. 1 vol. in-12.

387 **Guinnard**. Trois ans d'esclavage chez les Patagons. 1 vol. in-12.

9 **Guizot** (Mme). La petite fille aux grand'mères. 1 vol. in-12.

1871 **Guizot**. Le duc de Broglie. 1 vol. in-12.

# H

2244 **Halifax** (John). Miss Tomy. 1 vol. in-12.

83 **Hahn-Hahn**. Maria Régina. 2 vol. in-12.

850 — Doralice. 1 vol. in-12.

1791 — Deux sœurs. 2 vol. in-12.

1716 — Pérégrin. 2 vol. in-12.

168 **Hamel** (du). Histoire d'Espagne. 1 vol. in-12.

708 **Hamon** (abbé). Vie de Mgr de Cheverus. 1 vol. in-12.

229 — Même ouvrage. 1 vol. in-8º.

1 — Vie de St François de Sales. 2 vol. in-8º.

910 — Vie du même (abrégé). 1 vol. in-12.

231 — Notre-Dame de France. 1 vol. in-8º.

2029 **Hanoum** (Leïla). Le signet. 1 vol. in-12.

420 — Sœur Vincent. 1 vol. in-12.

819 **Hansen** (Léonard). Histoire de sainte Rose de Lima. 1 vol. in-12.

1794 *bis*. **Haussonville** (d'). L'Eglise romaine et le premier Empire. 5 vol. in-8º.

1978 **Hay** (Mary). Jolette. 2 vol. in-12.

678 **Hawthorne**. Le livre des merveilles. 1 vol. in 12.

87 **Héfelé**. Le cardinal Ximenès. 1 vol. in-8º.

2372 **Helhem** (C.). Le bonheur de la vicomtesse. 1 vol. in-12.

1135 **Hément**. Hist. d'un morceau de charbon. 1 vol. in-12.

1308 **Hennart** (abbé). Æmilianus, ou le soldat martyr. 1 vol. in-12.

205 **Hennebert**. L'hiver dans les régions polaires. 1 vol. in-8°.

2230 — Comtes de Paris. 1 vol. in-12.

2379 **Herchenback**. Le millionnaire et le balayeur des rues. 1 vol. in-12.

16'6 **Héricault** (Ch. d'). Les mémoires de mon oncle. 1 vol. in-12.

1898 — Thermidor, ou Paris en 1794. 1 vol. in-12.

1983 — La fille de Notre-Dame. 1 vol. in-12.

2258 **Hérisson** (comte d'). Journal d'un interprète en Chine. 1 vol. in-12.

2236 — Journal d'un officier d'ordonnance. 1 vol. in-12.

158 **Heumann**. Hist. de Christophe Colomb. 1 vol. in-8°.

1410 **Houet**. La fleur des Gaules, ou les martyrs de Lyon. 2 vol. in-12.

839 **Huard** (Adolphe). Mémoires sur Marie-Antoinette. 1 vol. in-12.

51 **Huc** (missionnaire). L'empire Chinois. 2 vol. in-12.

39 — Le Christianisme en Chine. 4 vol. in-8°.

436 **Huë** (Ferdinand). Les Français à Madagascar. 1 vol. in-8°.

1104 **Hughes**. Ma maison. 1 vol. in-12.

1042 **Huguet** (R. P.). Les gloires de Pie IX. 1 vol. in-12.

1210 — Triomphe de Pie IX. 1 vol. in-12.

1214 — Les religieuses modèles. 1 vol. in-12.

1215 — La dévotion à Marie en exemples. 1 vol. in-12.

1225 — Dévotion à la sainte eucharistie. 1 vol. in-12.

1396 — De la charité dans les conversations. 1 vol. in-12.

1157 — Terribles châtiments des révolutionnaires. 1 vol. in-12.

1518 **Hurel** (abbé). Flavia. 1 vol. in-12.

# I

406 **Ignace** (saint). Exercices spirituels. 1 vol. in-12.

2721 **Imbert de St-Amand**. Les beaux jours de l'impératrice Marie-Louise. 1 vol. in-12.

2722 — Marie-Louise et la décadence de l'empire. 1 vol. in-12.

2728 **Imbert** Marie-Louise et le duc de Reichstadt. 1 vol. in-12.

1314 **Isle** (Henriette d'). Histoire de deux âmes. 1 vol. in-12.

# J

1018 **Jacquard**. Hélène Dumont. 1 vol. in-12.

1033 **Jacquemart**. Les merveilles de la céramique. 1 vol. in-12.

1562 **Jacquemont**. La campagne des zouaves pontificaux. 1 vol. in-12.

95 **Jager** (abbé). L'Eglise de France pendant la Révolution. 3 vol. in-8º.

2709 **Jenkins** (Mme). Qui casse paye. 1 vol. in-12.

251 **Jobey** (Charles). Les enfants braves. 1 vol. in-8º.

1443 **Johnson**. Dans l'extrême Far-West. 1 vol. in-12.

330 **Joinville** (sire de). Les mémoires. 1 vol. in-12.

1307 **Joseph** (de Saint-). Marie, ou la vertu heureuse de s'ignorer. 1 vol. in-12.

2255 **Jouge** (miss.). Christine Sorel. 2 vol. in-12.

1005 **Journaux** (des). Le chevalier aux armes vertes. 1 vol. in-12.

1255 **Julien** (Félix). Les commentaires d'un marin. 1 vol. in 12.

2724 **Jullerson** (lady). Mélène Middleton. 1 vol. in-12.

282 **Jussieu** (Laurent dé). Siman, ou le marchand forain. 1 vol. in-12.

1449 **Just** (Clément). Les compagnons de la croix d'argent. 1 vol. in-12.

# K

2303 **Karl-May**. Une maison mystérieuse. 1 vol. in-12.

847 **Karr**(Alphonse). Contre un proverbe. 1 vol. in-12.

1274 — Trois mots pour titre. 1 vol. in 12.

1506 — Causeries. 1 vol. in-12.

1690 — Pas encore. 1 vol. in-12.

1550 — Catherine Trésize. 1 vol. in-12.

2229 — La symphonie du travail. 1 vol. in-12.

1994 — Le peintre à la violette. 1 vol. in-12.

2017 — Margaret la transplantée. 1 vol. in-12.

2300 — Les noms effacés. 1 vol. in 12.

331 **Keller**. Histoire de France. 2 vol. in-8°.

326 — Hist. du général de la Moricière. 2 vol. in-12.

2263 **Kerlys** (Jean de). Les enfants d'Ernée. 1 vol. in 12.

2273 **Kerlys** Les premiers pas. 1 vol. in-12.

2733 **Kermac** (Eliane de). Sylvinette, et d'Angers aux Sables-d'Olonne. 1 vol. in-12.

918 **Kersabieg** (de). La B. Françoise d'Amboise. 1 vol. in-12.

1258 **Krafft-Bucaille** (Mᵐᵉ). Le secret d'un dévouement. 1 vol. in-12.

# L

997 **Labadye**. Nysa. 1 vol. in-12.

1154 — Les martyrs de la Pologne. 1 vol. in-12.

1874 — La maison du proscrit. 1 vol. in-12.

334 **Labutte**. Entretiens populaires sur l'histoire de France. 1 vol. in-12.

1618 **Lachèse** (Marthe). La pupille de Salomon. 1 vol. in-12.

2123 — Maître Le Tianec. 1 vol. in-12.

2136 — L'enfant perdu. 1 vol. in-12.

2025 — Lucienne. 1 vol. in-12.

2026 — Madeleine Romain. 1 vol. in-12.

2028 **Lachèse**(Marthe). Le mariage de Renée. 1 v. in-12.

2176 — Le vieux musicien. 1 vol. in-12.

409 — La dette des Robert. 1 vol. in 12.

2201 — La coupe d'or du sultan Zizim. 2 vol. in-12.

2202 — Le lis de Bruges. 1 vol. in-12.

860 **Lacointa** (Jules). Le père Lacordaire à Sorèze. 1 vol. in-12.

35 **Lacordaire** (R. P.). Ste Marie-Madeleine. 1 vol. in-12.

366 — Lettre à des jeunes gens. 1 vol. in-12.

201 — Même ouvrage. 1 vol. in-8º.

36 — Vie de St Dominique. 1 vol. in-12.

140 — Lettres à Mᵐ. de la Tour du Pin. 1 vol. in-8º.

311 — Correspondance inédite. 1 vol. in-8º.

36 — Conférences de Paris. 3 vol. in 12.

317 **Ladoue**(abbé). Vie et œuvres de Mgr Gerbet. 3 vol. in-8º.

636 **Lafond** (Edmond). Un médecin sous la Terreur. 1 vol. in-12.

886 — Lorette et Castelfidardo. 1 vol. in-12.

1845 — Le pèlerinage d'Assises. 1 vol. in-12.

342 **Lagrange** (abbé). Hist. de saint Paulin de Nole. 1 vol. in-8º.

2010 — Lettres de St Jérôme. 1 vol. in-12.

1524 — Hist. de Ste Paule. 1 vol. in-12.

398 — Vie de Mgr Dupanloup. 2 vol. in-8.

2240 **Lalaing** (de). Les premiers pas. 1 vol. in-12.

1054 **Lamartine** (de) Le manuscrit de ma mère. 1 vol. in 12.

1689 **Lamazou**(abbé). La place Vendôme et la Roquette. 1 vol. in 12.

278 **Lambert** (Louise). Causeries en famille. 1 vol. in-8º.

226 **Lambert** (abbé). Instructions sur le symbole, 3 vol. in-12.

2082 — A travers l'Algérie. 1 vol. in-12.

974 **Lamothe** (de). Hist. d'une pipe. 2 vol. in-12.

1112 — Les Camisards. 3 vol. in-12.

1113 — Les faucheurs de la mort. 2 vol. in-12.

1164 — Les soirées de Constantinople. 1 vol. in-12.

1212 **Lamothe** (de). Les martyrs de la Sibérie. 4 v. in 12.

1273 — Marpha. 2 vol. in-12.

1356 — Le gaillard d'arrière de la Galathée. 1 vol. in-12.

1404 — Le taureau des Vosges. 1 vol. in-12.

1455 — L'orpheline des carrières de Jaumont. 1 vol. in-12.

1796 (*bis*). — Les mystères de Machecoul. 1 vol. in-12.

1619 — Le proscrit de Carmague. 1 vol. in-12.

1403 — L'auberge de la mort. 1 vol. in-12.

51 — La fille du bandit. 1 vol. in-4°.

1346 — L'orpheline de Jaumont. 1 vol. in-12.

1406 — La reine des brumes. 1 vol. in-12.

1861 — Les fils du martyr. 1 vol. in-12.

1401 — Le roi de la nuit. 2 vol. in-12.

1229 — Mémoires d'un déporté. 1 vol. in-12.

1402 — Les métiers infâmes. 1 vol. in-12.

1632 — Pia la San Pietrina. 2 vol. in-12.

1405 — Aventures d'un prisonnier. 1 vol. in-12.

1975 — Fœdora la nihiliste. 1 vol. in-12.

1976 — Nadiège. 1 vol. in-12.

2227 — La fiancée du Vautour-Blanc. 1 vol in-12.

2338 — Quinze mois dans la lune. 1 vol. in-12.

2339 — Le fou du Vésuve. 1 vol. in-12.

2340 — Le puits sanglant, épisode de la Michelade à Nîmes. 1 vol. in-12.

672 **Landelle** (de la). Les quarts de nuit. 1 vol. in-12.

1117 — La route de l'exil. 1 vol, in-12.

1118 — Jean Bart. 1 vol. in-12.

1184 — Le manoir de Rosven. 1 vol. in-12.

1196 — Quatrièmes quarts de nuit. 1 vol. in-12.

1239 — Phylon Binome. 1 vol. in-12.

1277 — Les quarts de jour. 1 vol. in-12.

1278 — Les quarts de jour, l'Orient et l'Occident. 1. vol. in-12.

1345 — Cinquièmes quarts de nuit. 1 vol. in-12.

1378 — Sixièmes quarts de nuit. 1 vol. in-12.

1628 — Les cinquièmes quarts de jour. 1 vol. in-12.

93 — Les enfants de la mer. 1 vol. in-12.

1909 — La frégate l'Introuvable. 1 vol. in-12.

1749 **Landelle** (de la). L'homme de feu. 1 vol. in-12.

2078 — Aventures et embuscades. 1 vol. in-12.

2289 — Les épaulettes d'amiral. 1 vol. in-12.

2291 — L'esclave de luxe. 1 vol. in-12.

188 **Lander** (Jean). La fortune et la richesse. 1 vol. in-12.

649 — Marguerites en fleurs. 1 vol. in-12.

1099 — Rose de Bretagne. 1 vol. in-12.

1035 **Landrin** (Armand). Les plages de la France. 1 vol. in-12.

1079 — Les monstres marins. 1 vol. in-12.

53 **Landriot** (Mgr). La femme forte (conférences). 1 vol. in-12.

57 — La femme pieuse (conférences) 2 vol. in-12.

804 — Conférences aux dames du monde. 2 vol. in-12.

1068 — Promenades autour de mon jardin (conférences) 1 vol. in-12.

1175 — Les béatitudes évangéliques (conférences). 2 vol. in-12.

1247 — Les péchés de la langue. 1 vol. in-12.

1367 — La sainte Communion (conférences). 1 vol. in-12.

1692 — L'Oraison dominicale. 1 vol. in-12.

951 — L'Eucharistie (conférences). 1 vol. in-12.

237 — Le symbolisme. 1 vol. in-8º.

701 — La prière chrétienne. 2 vol. in-12.

786 **Langerack** (de). Nouvelles intimes. 1 vol. in-12.

600 **Langlois** (Hte). Un curé. 1 vol. in-12.

15 **Lanoye** (Ferdinand de). Les grandes scènes de la nature. 1 vol. in-12.

17 — Voyages dans les glaces. 1 vol. in-12.

743 — La Sibérie. 1 vol. in-12.

1128 — Voyage à Siam. 1 vol. in-12.

2177 **Laplace** (abbé). Histoire d'une âme. 1 vol. in-12.

1634 **Laprade** (Victor de). Pernette. 1 vol. in-12.

1536 **Larfeuil** (abbé). La femme à l'école de Marie. 1 vol. in-12.

2126 **Large** (Henriette). Petite Marie. 1 vol. in-12.

2148 — Le roman d'une loueuse de chaises. 1 vol. in-12.

2149 — Tronquette. 1 vol. in-13.

2150 **Large** (Henriette) La famille Fique. 1 vol. in-12.

2250 — Mon cousin Rustique. 1 vol. in-12.

2400 — Poussière d'or. 1 vol. in-12.

2175 **Largilière** (P.). Le prince et le pauvre. 1 vol. in-12.

217 **Larochejacquelin** (M^me de la). Mémoires. 1 vol. in-8°.

1564 **Laroque** (M.). Grands et petits. 1 vol. in-12.

1222 **Lascaux** (abbé). Valéria, ou la vierge de Limoges. 1 vol. in-12.

1245 **Lasserre** (Henri). Notre-Dame de Lourdes. 1 vol. in-12.

1908 — Le suffrage universel. 1 vol. in-12.

2035 — Les épisodes miraculeux de Lourdes. 1 vol. in-12.

2074 — Bernadette. 1 vol. in-12.

2368 — Les serpents. 1 vol. in-12.

1141 **Lasteyrie** (M^me de). Vie de M^me de La Fayette. 1 vol. in-12.

1003 **Lasthénie** (de). Les chemins verts. 1 vol. in-12.

1492 **Laurencin.** L'étincelle électrique. 1 vol. in-12.

271 **Laurent** (Saint-). Un martyr du dévouement. 1 vol. in-8°.

1897 **Laurentie** (de). Episode de l'émigration française. 1 vol. in-12.

2257 **Laurie** (André). Histoire d'un écolier hanovrien. 1 vol. in-12.

1777 **Lavalée** (Théophile). M^me de Maintenon. 1 vol. 1 vol. in-8°.

2292 **Lavergne** (M^me). Les étincelles. 1 vol. in-12.

917 — Fleurs de France. 1 vol. in-12.

1023 **Laviosa.** Vie de la B. Marie-Françoise. 1 vol. in-12.

2384 **Lebas** (M^m). Souvent l'homme varie. 1 vol. in-12.

525 **Lebassu-d'Helf** (M^me). Les soirées d'une mère. 1 vol. in-12.

124 **Lebrun** (M^me). Les vacances à Fontainebleau. 1 vol. in-12.

27 **Lecler** (Antonine). La comtesse de Gloswood. 1 vol. in-8°.

124 — Les chrétiens sous Néron. 1 vol. in-8°.

721 **Lecomte** (Jules). La charité à Paris. 1 vol. in-12.

2319 **Legarde** (Marcellin). Les voies du châtiment. 1 vol. in-12.

1678 **Legouvé** (Ernest). Nos filles et nos fils. 1 vol. in-12.

710 **Legrand** (abbé). Voyage à l'église du village. 1 vol. in-12.

788 **Lehmann**. Césonia. 1 vol. in-12.

369 **Lemann** (abbé). La question du Messie. 1 vol. in-8º.

425 — L'entrée des Israélites dans la société française et les Etats chrétiens. 1 vol. in-8º.

1867 **Leneveux** (Mme). Les petits oiseaux artistes. 1 vol. in-12.

1868 — Les petits habitants des fleurs. 1 vol. in-12.

1842 — Les merveilles de la mer. 1 vol. in-12.

1150 **Lenormand de Morando**. La vierge d'Alexandrie. 1 vol. in-12.

1043 **Lenormant** (Mme). Quatre femmes de la Révolution. 1 vol. in-12.

109 **Lepan**. Vie de Voltaire. 1 vol. in-8º.

2084 **Lepas**. A la porte du paradis, 1 vol. in-12.

2175 **Leplage** (Auguste). Le roman d'un héros.

48 **Lescure** (de). Marie-Antoinette et sa famille. 2 vol. in-4º.

1724 — La princesse de Lamballe. 1 vol. in-8º.

391 — Les mères illustres. 1 vol. in-8º.

403 — Les grandes épouses. 1 vol. in-8º.

382 **Lescœur** (le R. P.). L'Eglise en Pologne. 2 vol. in-8º.

585 **Lespès** (Léo). Les matinées de Timothée Trimm. 1 vol. in-12.

1914 **Levêque** (Charles). Les harmonies providentielles. 1 vol. in-12.

2406 **Levray** (Marguerite). Germaine de Nanteuil. 1 vol. in-12.

294 **Lhomond**. Doctrine chrétienne. 1 vol. in-12.

2345 **Lionnet** (Ernest). L'homme de la tour. 1 vol. in-12.

201 **Locmaria** (C^te de). La chapelle Bertrand. 1 vol. in-12.

093 — Les guerrillas. 2 vol. in-12.

20 — Le duc de Bordeaux. 2 vol. in-8º.

150 — Le règne de Louis XIV. 2 vol. in-8º.

24 **Lombez** (R. P. de). Les saintes joies de l'âme fidèle. 1 vol. in-18.

863 **Lonchéne** (de). Le monde souterrain. 1 vol. in-12.

1010 **Loudun** (Eugène). La Bretagne. 1 vol. in-12.

1108 **Loyau de Lacy**. Histoire d'une cervelle. 1 vol. in-12.

162 **Loyseau** (Jean). Veillées amusantes. 1 vol. in-12.

598 — Bas les masques. 1 vol. in-12.

1176 — Les bons apôtres. 1 vol. in-12.

1482 — Mémoires de Propre-à-rien. 2 vol. in 12.

1568 — Rose Jourdain. 2 vol. in-12.

2135 — Flora. 1 vol. in-12.

523 **Loyson** (abbé). La Vierge Mère de Dieu. 1 v. in-12.

2727 **Lythe** (Marcel). Laurence. 1 vol. in-12.

# M

291 **Mac-Dowgal**. Le chasseur de tigres. 1 vol. in-8º.

353 **Macé** (Jean). Contes du petit château. 1 vol. in-12.

372 — Histoire d'une bouchée de pain. 1 vol. in-12.

958 — Les serviteurs de l'estomac. 1 vol. in-12.

659 **Madelaine** (de la). Après le travail. 1 vol. in-12.

1133 **Magny** (Jules). Histoire d'un morceau de verre. 1 vol. in-12.

831 **Maintenon**. Lettres sur l'éducation des filles. 2 vol. in-12.

54 **Maistre** (Joseph de). Lettres et opuscules. 2 vol. in-12.

835 — Pensées sur la religion. 2 vol. in-12.

48 — Les soirées de Saint-Pétersbourg. 2 vol. in-8º.

49 — La philosophie de Bacon. 2 vol. in-8º.

50 — Les délais de la Justice divine. 1 vol. in-8º.

52 — Considérations sur la France. 1 vol. in-8º.

51 — De l'Eglise gallicane. 1 vol. in-8º.

53 — Du Pape. 1 vol. in-8º.

1795 **Maistre** (Xavier de). Voyage autour de ma chambre. 1 vol. in-12.

125 **Malo** (Charles). L'œuvre de saint Vincent de Paul. 1 vol. in-12.

1673 **Malo** (Hector). Sans famille. 2 vol. in-12.

658 **Malte-Brun.** Les jeunes voyageurs en France. 2 vol. in-12.

165 **Manceau** (M<sup>me</sup>). Les soirées d'un grand-père. 1 vol. in-12.

661 — Céline, ou l'influence d'un beau caractère. 1 vol. in-12.

664 — Les veillées d'une mère de famille. 1 vol. in-12.

2210 **Mandat-Grancey.** Dans les montagnes Rocheuses. 1 vol. in-12.

18 **Mangin** (Arthur). Le feu du ciel, ou l'électricité. 1 vol. in-8°.

19 — Les merveilles de l'industrie. 1 vol. in-8°.

246 — Les savants illustres de France. 1 vol. in-8°.

438 — L'air et le monde aérien. 1 vol. in-8°.

247 — Le désert et le monde sauvage. 1 vol. in-8°.

286 — Les mystères de l'Océan. 1 vol. in-8°.

15 — La révolte au Bengale. 1 vol. in-4°.

2050 **Manzoni** (Alexandre). Les fiancés. 1 vol. in-12.

1882 **Marc.** Lucien de Seillan. 1 vol. in-12.

1173 **Marcel** (Etienne). Souvenirs d'une jeune fille. 1 vol. in-12.

1188 — Un noble cœur. 1 vol. in-12.

1237 — Un conte de fées. 1 vol. in-12.

1254 — Juliette. 1 vol. in-12.

1267 — Comment viennent les rides. 1 vol. in-12.

1286 — Avec et sans dot. 1 vol. in-12.

1287 — Les tuteurs d'Odette. 1 vol. in-12.

1323 — Les trois vœux. 1 vol. in-12.

1435 — Les héros d'Israël. 1 vol. in-12.

1513 — L'héritière. 1 vol. in-12.

1566 — Jeanne d'Aurelles. 1 vol. in-12.

1622 — Deux destinées. 1 vol. in-12.

1697 — Histoire d'une corbeille de noces. 1 vol. in-12.

1879 — Laquelle ? 1 vol. in-12.

1160 — Iermola. 1 vol. in-12.

1438 **Marcel** (Etienne). Le nid d'hirondelles. 1 vol. in-12.

1513 — Renée. 1 vol. in-12.

1728 — Le roman d'Elisabeth. 1 vol. in-12.

1155 — Un monsieur, ou la campagne et la ville. 1 vol. in-12.

1159 — Récits et souvenirs. 1 vol. in-12.

1662 — Pour la patrie. 1 vol. in-12.

1680 — Les sapins de dame Barbe. 1 vol. in-12.

1537 — Triomphes de femmes. 1 vol. in-12.

1883 — Pile ou face. 1 vol. in-12.

1919 — La ballade du lac. 1 vol. in-12.

1511 — Irène. 1 vol. in-12.

1656 — Petite sœur. 1 vol. in-12.

571 — Le chef-d'œuvre d'un condamné. 1 vol. in-12.

1940 — Yvette. 1 vol. in-12.

1944 — La famille du baronnet. 2 vol. in-12.

1960 — Les aventures d'André. 1 vol. in-12.

1961 — Les jours sanglants. 1 vol. in-12.

1962 — La future du baron Jean. 1 vol. in-12.

2069 — Grand'mère. 1 vol. in-12.

2094 — L'argent et l'honneur. 1 vol. in-12.

2108 — Le point d'honneur. 1 vol. in-12.

2109 — Un drame en province. 1 vol. in-12.

2147 — La vengeance de Giovanni. 1 vol. in-12.

2182 — Le vol des colombes. 1 vol. in-12.

2183 — Un chercheur d'or.

2184 — Un monarque au violon. 1 vol. in-12.

2218 — L'héritage de M<sup>me</sup> Hervette. 1 vol. in-12.

2165 — Un isclé. 1 vol. in-12.

2249 — Elle et moi. 1 vol. in-12.

2365 — Le saint de neige. 1 vol. in-12.

985 — **Marcel** (M<sup>m</sup> de). Histoire d'un cheval de bois. 1 vol. in-12.

1057 — Les petits vagabonds. 1 vol. in-12.

1181 — Le bon frère. 1 vol. in-12.

1250 — L'école buissonnière. 1 vol. in-12.

257 **Marcey** (M<sup>me</sup>). De la vie de famille. 1 vol. in-12.

409 — Des lois de l'Eglise dans le monde. 1 vol. in-12.

39 **Marchal**. Histoire de Pie IX. 3 vol. in-12.

14 **Marchal**. La femme comme il la faut. 1 vol. in-18.

6 **Marco de Saint-Hilaire**. Souvenirs intimes de l'Empire. 3 vol. in-4º.

1607 **Maréchal** (Marie). La pupille d'Hilarion. 1 vol. in-12.

1462 — Béatrix. 1 vol. in-12.

1530 — La dette de Ben-Aïssa. 1 vol. in-12.

1565 — Nos petits camarades. 1 vol. in-12.

1593 — La cousine de Lionel. 1 vol. in-12.

1614 — L'institutrice à Berlin. 1 vol. in-12.

1620 — Sabine de Rivas. 1 vol. in-12.

1642 — L'hôtel Woronzoff. 1 vol. in-12.

1666 — Journal d'une âme en peine. 1 vol. in-12.

1675 — La famille Tolozan. 1 vol. in-12.

1671 — Mademoiselle de Charmeilles. 1 vol. in-12.

1623 — Madeleine Green et la nièce du président. 1 vol. in-12.

1674 — Marcelle Dayre. 1 vol. in-12.

1608 — Le parrain d'Antoinette. 1 vol. in-12.

1966 — Un mariage à l'étranger. 1 vol. in-12.

2039 — La Roche-Noire. 1 vol in-12.

2043 — Le mariage de Nancy. 1 vol. in-12.

2051 — Jean-Paul Riquet. 1 vol. in-12.

358 **Margerie** (Eugène de). La légende d'Ali. 1 vol. in-12.

691 — Contes d'un promeneur. 1 vol. in-12.

692 — Scènes de vie la chrétienne. 2 vol. in-12.

767 — Les six chevaux du corbillard. 1 vol. in-12.

777 — Emilien, ou lettres à un jeune homme. 1 vol. in-12.

890 — Contes et nouvelles. 1 vol. in-12.

933 — Lettres à un jeune homme. 1 vol. in-12.

1092 — Angèle, histoire d'une chrétienne. 1 vol. in-12.

1829 — La rue des Poivriers. 1 vol. in-12.

15 — Les aventures d'un berger. 1 vol. in 18.

1847 — Le château de Saint-Hippolyte. 1 vol. in-12.

1917 — Réminiscences d'un vieux touriste. 1 vol. in-12.

2054 — Le clos paisible. 1 vol. in-12.

2120 — La banque du diable. 1 vol. in-12.

2121 **Margerie** (Eugène de). Hist. d'un mendiant. 1 vol. in-12.

2200 — Les treize malechances du capitaine Tanereuil. 1 vol. in-12.

1340 **Margerie** (Amédée de). La restauration de la France. 1 vol. in-12.

1780 — De la famille. 1 vol. in-12.

2159 — Joseph de Maistre. 1 vol. in-12.

2719 — A la ville et à la campagne. 1 vol. in-12.

1028 **Margollé**. Les tempêtes. 1 vol. in-12.

1030 — Les météores. 1 vol. in-12.

1076 — Les glaciers. 1 vol. in-12.

1478 — Histoire de la navigation. 1 vol. in-12.

458 **Marguerie** (de). Contes d'une grand'mère. 1 vol. in-12.

1234 **Margueritte** (général). Chasses de l'Algérie. 1 vol. in-12.

64 **Maricourt** (vicomte de). Vivia, ou les martyrs de Carthage. 1 vol. in-12.

205 — L'ambition de Tracy. 1 vol. in-12.

1002 — Regga. 1 vol. in-12.

31 — Lucie, épisode du règne de Dioclétien. 1 vol. in-8°.

210 — Le sire Evrard. 1 vol. in-8°.

757 — La Zingara calabraise. 1 vol. in-12.

655 — Vie intime de Napoléon Ier. 1 vol. in-12.

401 **Marie-Edmée**. Journal. 1 vol. in-8°.

660 **Marie**. La voix d'une mère. 1 vol. in-12.

885 — Les Cathelineau. 1 vol. in-12.

904 — Les sœurs des Anges. 1 vol. in-12.

186 **Marie-Angelique** (Mme). La Blanche de Rumex. 1 vol. in-12.

373 — La marguerite de San Miniato. 1 vol. in-12.

367 — Les balances du Bon Dieu. 1 vol. in-12.

1854 **Marin de Boylesve**. Les grands siècles et les grands hommes. 1 vol. in-12.

776 **Marin de Livonière**. Un philosophe. 1 vol. in-12.

383 — Petits et grands. 1 vol. in-12.

390 — Otto Gartner. 1 vol. in-12.

1220 **Marin de Livonnière**. La dynastie des Fouchard. 1 vol. in-12.

1901 — La chambre des ombres. 1 vol. in-12.

1687 — Lisa. 1 vol. in-12.

1034 **Marion**. Les ballons. 1 vol. in-12.

1957 **Marlitt** (E.). La maison Schilling. 2 vol. in 12.

2710 — Chez le conseiller. 2 vol. in 12.

2260 — La servante du régisseur. 1 vol. in-12.

2725 — La dame aux pierreries. 2 vol. in-12.

1373 **Marmier**. L'arbre de Noël 1 vol. in-12.

1533 — Les hasards de la vie. 1 vol. in-12.

1531 — Les fiancés du Spitzberg. 1 vol. in-12.

1793 — Hélène et Suzanne. 1 vol. in-12.

1904 — Le roman d'un héritier. 1 vol. in-12.

1911 — L'avare et son trésor. 1 vol. in-12.

2719 — A la ville et à la campagne. 1 vol. in-12.

1742 **Marquigny** (R. P.). Une femme forte. 1 vol. in-12.

1446 **Marrel**(abbé). Le compagnon de notre exil. 1 vol. in-12.

700 **Marryat** (capitaine). La mission ou scènes africaines. 2 vol. in-12.

414 **Martin** La vie future. 1 vol in-12.

720 — Vie de M. Gorini. 1 vol. in-12.

991 — Contes allemands. 1 vol. in-12.

155 — Mme de Bonnault-d'Houet. 1 vol. in-8º.

144 — Histoire de M. Vuarin, ou le catholicisme à Genève. 2 vol. in-8º.

1987 **Mârtineau des Chesnez**. Roses et rubans. 1 vol. in-12.

142 **Martinet**. La science de la vie. 2 vol. in-8º.

1453 **Mary**. Lettres d'une jeune Irlandaise à sa sœur. 1 vol. in-12.

381 — Deux voies. 1 vol. in-12.

1714 — Julie de Noiron. 1 vol. in-12.

2271 **Maryalis**. Histoire de Moustache. 1 vol. in-12.

1856 **Maryan**. L'héritage de Paule. 1 vol. in-12.

1865 — Mlle de Kervalez. 1 vol. in-12.

1860 — En Poitou. 1 vol. in-12.

1858 — Kate. 1 vol. in-12.

1491 **Maryan** Le roman d'un médecin de campagne. 1 vol. in-12.

1041 — Le manoir des célibataires. 1 vol. in-12.

1025 — Les rêves de Marthe. 1 vol. in-12.

1948 — Les chemins de la vie. 1 vol. in-12.

1950 — Un legs. 1 vol. in-12.

1952 — Un mariage de convenance. 1 vol. in-12.

1968 — Primavera. 1 vol. in-12.

1969 — Les pupilles de tante Claire. 1 vol. in-12.

1970 — La fortune des Montligné. 1 vol. in-12.

1971 — L'envers d'une dot. 1 vol. in-12.

1972 — Lady Frida. 1 vol in-12.

1973 — Rosa Trevern. 1 vol. in-12.

1980 — Anne de Valmoët. 1 vol. in-12.

2018 — Chez les autres. 1 vol. in-12.

2040 — Les tuteurs de Mérée. 1 vol. in-12.

2059 — L'erreur d'Isabelle. 1 vol. in-12.

2072 — La maison de famille. 1 vol. in-12.

2110 — Clémentine de la Fresnaye. 1 vol. in-12.

2176 — La faute du père. 1 vol. in-12.

2187 — Une dette d'honneur. 1 vol. in-12.

2246 - Petite-Reine. 1 vol. in-12.

2327 — Ellen Gordon. 1 vol. in 12.

2328 — Ce que ne peut l'argent. 1 vol. in-12.

2420 — Le secret de Solange. 1 vol. in-12.

882 **Mathieu-Pernet.** Victor Blanchet, ou l'ouvrier mécanicien. 1 vol. in-12.

2122 **Maugeret** (le R. P.). Mgr Bataillon. 2 vol. in-12.

704 **Maupoint** (Mgr). Madagascar. 2 vol. in-12.

181 **Maurice** (Abel). L'enfant de la Providence. 1 vol. in-12.

9 **Maussion** (Mme de). Une mère et ses enfants. 1 vol. in-18.

535 **Maxime du Camp.** Paris, ses organes, etc. 6 vol. in 12.

527 — Souvenirs de 1848. 1 vol. in-12.

2714 et 2726 — La charité privée à Paris. 1 vol. in-12.

3 **Maynard** (abbé). Vie de saint Vincent de Paul. 4 vol. in-8o.

266 — Voltaire et ses œuvres. 2 vol. in-8o.

328 **Mayne-Reid.** Le chasseur de plantes. 1 vol. in-12.

347 — A la mer. 1 vol. in-12.

348 — A fond de cale. 1 vol. in-12.

349 — Les vacances des jeunes Boërs. 1 vol. in-12.

424 — Les exilés dans la forêt. 1 vol. in-12.

431 — Les veillées de chasse. 1 vol. in-12.

434 — Les peuples étrangers. 1 vol. in-12.

741 — Les grimpeurs de rochers. 1 vol. in-12.

9-9 — O'Céola le grand chef. 1 vol. in-12.

940 — Aventures d'un officier américain. 1 vol. in-12.

1124 — Le désert d'eau dans la forêt. 1 vol. in-12.

1132 — Les jeunes esclaves. 1 vol. in-12.

1279 — Les chasseurs de girafes. 1 vol. in-12.

1471 — Les naufragés. 1 vol. in-12.

1691 — L'habitation du désert. 1 vol. in-12.

1754 — La piste de guerre. 1 vol. in-12.

2093 — La chasse au Léviathan. 1 vol. in-12.

2267 — Le gantelet blanc. 1 vol. in-12.

2268 — La baie d'Hudson. 1 vol. in-12.

2386 — Les naufragés de la Calypso. 1 vol. in-12.

100 **Mazas** (Alexandre). Vie des grands capitaines français. 4 vol. in-8º.

130 — Le dernier des Rabasteins. 1 vol. in-8º.

225 — La Légion d'honneur. 1 vol. in-8º.

791 **Mazure.** Le champ de blé. 1 vol. in-12.

1600 **Mechin** (l'abbé). Conférences aux jeunes filles. 1 vol. in-12.

1223 **Meillassoux.** De la médisance au XIXe siècle. 1 vol. in-12.

656 **Melot** (R. P.). Albina, ou la pieuse modiste. 1 vol. in-12.

640 **Melun** (Vte de). Histoire d'un village. 1 vol. in-12.

7 — Vie de sœur Rosalie. 1 vol. in-8º.

313 — La marquise de Barol. 1 vol. in-8º.

1838 — Vie de Mlle de Melun. 1 vol. in-12.

573 **Ménard** (Th.) La famille Dorival. 1 vol. in-12.

11 — Le baron des Adrets. 1 vol. in-4º.

13 — Louis de la Trémoille. 1 vol. in-4º.

88 — La révolution de 1688 en Angleterre. 1 v. in-8º.

1078 **Menault** (E.). L'intelligence des animaux. 1 vol. in-12.

781 **Mercier** (R. P.). M^me de Maintenon. 1 vol. in-12.

50 **Mermillod** (Mgr). Conférences prêchées aux Dames de Lyon. 1 vol. in-12.

805 — De la vie surnaturelle (conférences). 1 v. in-12.

1878 **Méry**. Les fleurs mystérieuses. 1 vol. in-12.

1799 *bis.* — Une conspiration au Louvre. 1 vol. in-12.

1009 **Meslettres** (des). Rodoald. 1 vol. in-12.

497 **Mesnard** (M^me des). Le Maine aux Ormeaux. 1 vol. in-12.

2316 **Mesnil** (du). La dernière des ravaudeuses. 1 vol. in-12.

2742 **Meunier** (Etienne). Le mariage de Josiane. 1 vol. in-12.

2401 — La branche maudite. 1 vol. in-12.

2402 — Le secret du bonheur. 1 vol. in-12.

256 **Michaud**. Hist. des Croisades. 1 vol. in-12.

947 **Michel**. Florien, ou l'enfant du siècle. 1 vol. in-12.

1421 — Colonie de Cîteaux. 1 vol. in-12.

1004 — Geneviève de Balzo. 1 vol. in-12.

287 **Miel** (Etienne). Ismaël, ou conversion d'un Juif. 1 vol. in-12.

797 **Milochau** (abbé). Nazareth et Lorette. 1 vol. in-12.

964 **Mirabeau** (C^tesse de). Les veillées normandes. 1 vol. in-12.

448 — Le baron d'Aché. 1 vol. in-12.

1748 — Hélène de Gardannes. 1 vol. in-12.

436 **Mirval** (de). Le Robinson du désert. 1 vol. in-12.

686 — Le petit matelot. 1 vol. in-12.

1760 **Moleri**. Or et misère. 1 vol. in-12.

1723 **Monaghan** (de). Hist. émouvantes. 1 vol. in-12.

1337 **Monnier**. Pompéi et les Pompéiens. 1 vol. in-12.

45 **Monnin** (abbé). Vie du curé d'Ars. 2 vol. in-12.

187 **Monniot** (M^lle). La chambre de la grand'mère. 1 vol. in-12.

427 — Le journal de Marguerite. 2 vol. in-12.

428 — Le journal de Marguerite à 20 ans. 2 vol. in-12.

442 — M^me Rosély. 2 vol. in-12.

2047 — Coralie Delmont. 1 vol. in-12.

706 **Monniot** (M^lle). Le but de la vie. 1 vol. in-12.
2103 — Les petites filles de M^me Rossely. 2 vol. in-12.
759 — Nina l'incorrigible. 1 vol. in-12.
848 — Raphëla de Mérans. 1 vol. in-12.
1061 — Simples tableaux d'éducation. 2 vol. in-12.
1253 — Délassement avec mes jeunes lectrices. 1 vol. in-12.
1309 — La petite concierge. 1 vol. in-12.
1635 — Anne Pigard. 1 vol. in-12.
1637 — Les semeuses de bon grain. 2 vol. in-12.
1826 — Notre-Seigneur Jésus-Christ. 2 vol. in-12.
1230 **Monsabré** (R. P.). Or et alliage. 1 vol. in-12.
2098 — Conférences depuis 1869. 19 vol. in-12.
210 **Montalembert** (c^te de). Le Père de Lacordaire. 1 vol. in-12.
453 — Hist. de Ste Elisabeth de Hongrie. 2 vol. in-12.
1413 — Lettres à un ami de collège. 1 vol. in-12.
241 — Les moines d'Occident. 7 vol. in-8º.
29 **Montanclos** (M^me de). Aldas, l'esclave bretonne. 1 vol. in-8º.
2203 — Le bonheur pour une rose. 1 vol. in-12.
553 **Mont-Rond** (Maxime de). Missions du Levant, etc. 1 vol. in-12.
554 — Missions d'Amérique. 1 vol. in-12.
179 **Moreau.** La fille du maçon. 1 vol. in-12.
481 — Les prêtres français aux Etats-Unis. 1 v. in-12.
1160 — Fulla l'Egyptienne. 1 vol. in-12.
1270 — Les mémoires d'une Sœur de charité. 1 vol. in-12.
2269 — Graciosa. 1 vol. in-12.
85 **Morin.** Histoire naturelle des carnassiers et rongeurs. 1 vol. in-12.
86 — Histoire naturelle des oiseaux. 1 vol. in-12.
40 **Morlent** (J.). Les Robinsons français. 1 vol. in 8º.
732 **Morre** (v^te de la). La famille Molandi. 1 vol. in-12.
2716 **Mouëzy** (A.). Vic-en-Sèche. 1 vol. in-12.
25 **Moyne** (abbé). Italie, ou guide du voyageur. 1 vol. in-4º.
1291 **Muller** (Eugène). La jeunesse des hommes célèbres. 1 vol. in-12.

465 **Muller** (René). Contentement passe richesse. 1 vol. in-12.

375 — Les gloires poétiques de la France. 1 vol. in-8º.

1012 — Un aspirant de marine. 1 vol. in-12.

405 **Muller** (Marie). La madone de la forêt. 1 v. in-12.

23 **Muller** (F.) Le Robinson suisse. 2 vol. in-12.

361 **Mullois** (abbé). Manuel de charité. 1 vol. in-12.

2232 **Mussat** (Mᴵˡᵉ). En maître. 1 vol. in-12.

# N

2027 **Nadaud.** Une idylle. 1 vol. in-12.

192 **Navery** (Raoul de). Nouvelles de charité. 1 vol. in-12.

2377 — Les crimes de la plume. 1 vol. in-12.

193 — Légendes d'Allemagne. 1 vol. in-12.

194 — Récits consolants. 1 vol. in-12.

195 — Le chemin du Paradis. 1 vol. in-12.

196 — Monique. 1 vol. in-12.

198 — Avocats et Paysans. 1 vol. in-12.

370 — Voyage dans une église. 1 vol. in-12.

744 — Les religieuses. 1 vol. in-12.

845 — L'odyssée d'Antoine. 1 vol. in-12.

852 — Le rameur de galères. 1 vol. in-12.

897 — La fille du coupeur de paille. 1 vol. in-12.

959 — Le missionnaire de la terre maudite. 1 v. in-12.

979 — Le filleul de l'évêque. 1 vol. in-12.

1109 — La confession de la reine. 1 vol. in-12.

1180 — La main qui se cache. 1 vol. in-12.

1448 — Zacharie le maître d'école. 1 vol. in-12.

1469 — Les idoles. 1 vol. in-12.

1559 — Le trésor de l'abbaye. 1 vol. in-12.

1560 — La route de l'abîme. 1 vol. in-12.

1569 — La maison du sabbat. 1 vol. in-12.

1571 — Les parias de Paris. 2 vol. in-12.

1599 — Les drames de la misère. 2 vol. in-12.

1601 — Les héritiers de Judas. 1 vol. in-12.

1625 — Le juif Ephraïm. 1 vol. in-12.

1626 — Jean Canada. 1 vol. in-12.

1636 **Navery** (Raoul de). Les causes sacrées. 2 vol. in-12.
1650 — Parasol et Cⁱᵉ. 1 vol. in-12.
1670 — L'aboyeuse. 1 vol. in-12.
1672 — L'accusé. 1 vol. in-12.
760 — Jeanne-Marie. 1 vol. in-12.
417 — La cendrillon du village. 1 vol. in-12.
418 — Le choix d'un mari. 1 vol. in-12.
419 — Le choix d'une femme. 1 vol. in-12.
1551 — La fleur de neige. 1 vol. in-12.
1556 — Patira. 1 vol. in-12.
1594 — Les chevaliers de l'écritoire. 1 vol. in-12.
1741 — Le bonheur dans le mariage. 1 vol. in-12.
1685 — Le témoin du meurtre. 1 vol. in-12.
197 — L'abbé Marcel. 1 vol. in-11.
966 — Martyr d'un secret. 1 vol. in-12.
1665 — La fille sauvage. 1 vol. in-12.
1572 — Le pardon du moine. 1 vol. in-12.
1938 — Les coiffes de Ste Catherine. 1 vol. in-12.
1963 — Le procès de la reine. 1 vol. in-12.
1964 — Le martyr d'un père. 1 vol. in-12.
1965 — Le naufrage de Lianor. 1 vol. in-12.
2056 — L'élixir de longue vie. 1 vol. in-12.
2076 — Le magistrat. 1 vol. in-12.
2080 — Tonie. 1 vol. in-12.
2096 — Une erreur fatale. 1 vol. in-12.
2104 — Madeleine Miller. 1 vol. in-12.
2105 — Les dupes. 1 vol. in-12.
2106 — Aglaë. 1 vol. in-12.
2107 — L'ange du bagne. 1 vol. in-12.
2116 — Le château des abîmes. 1 vol. in-12.
2117 — Landry. 1 vol. in-12.
2118 — La fille du roi Dagobert. 1 vol. in-12.
2119 — Viatrice. 1 vol. in-12.
2137 — Les mirages d'or. 1 vol. in-12.
2138 — Le serment du corsaire. 1 vol. in-12.
2146 — Le Val-Perdu. 1 vol. in-12.
2168 — La chambre n° 7. 1 vol. in-12.
2172 — Les îles sauvages. 1 vol. in-12.
2178 — La boîte de plomb. 1 vol. in-12.

1355 **Nicolas** (Auguste). L'état sans Dieu. 1 vol. in-12.

1584 — Jésus-Christ. 1 vol. in-12.

335 — La Révolution et l'ordre chrétien. 1 vol. in-8º.

2388 **Nisard** (Auguste). La maison et l'Eglise. 1 vol. in-12.

475 **Noisy.** L'enfant de la Providence. 1 vol. in-12.

196 — Les femmes célèbres de la Révolution. 1 vol. in-8º.

272 **Normand** (Mme). Récompenses des vertus. 1 vol. in-12.

207 **Nottret** (Mlle). Scènes de la vie réelle. 1 vol. in-12.

563 — Lectures en familles. 1 vol. in-12.

748 — La famille de Celnar. 1 vol. in-12.

854 — L'orpheline d'Onval. 1 vol. in-12.

1087 — Aux cœurs aimants. 1 vol. in-12.

1810 — Noir et rose. 1 vol. in-12.

713 — **Noury** (R. P.). Vie du P. Gautier. 1 vol. in-12.

421 — **Nyon** (Eugène). Le colon de Mettray. 1 vol.

4 — Les cœurs d'or. 2 vol. in-4º.

21 — La reine de Jérusalem. 1 vol. in-4º.

# O

2234 **O'Kennedy** (Mlle). Inventaire de ma chambre. 1 vol. in-12.

2254 **Olivier des Armoises.** Les millions du beau-père. 1 vol. in-12.

2348 — Benoîte. 1 vol. in-12.

2366 — Les deux Brigitte. 1 vol. in-12.

184 — **Olivier** (Pauline l'). Églantines. 1 vol. in-12.

437 — Violettes. 1 vol. in-12.

439 — Myosotis. 1 vol. in-12.

998 — Liserons. 1 vol. in-12.

440 — Pervenches. 1 vol. in-12.

441 — Bluets. 1 vol. in-12.

479 **Orléans** (R. P. d'). Vie du B. Stanislas Kostka. 1 vol. in-12.

21 **Ory** (Stéphanie). Elisa Schümler. 1 vol. in-8º.

22 — Juana. 1 vol. in-8º.

455 **Ourliac** (Edouard). Contes du Bocage. 2 vol. in-12.

1047 **Ozanam** (Frédéric). Œuvres choisies. 1 vol. in-12.

223 — Mélanges. 2 vol. in-8°.

226 — Lettres. 2 vol. in-8°.

248 — Les poètes franciscains en Italie. 1 vol. in-8°.

705 **Ozanam** (abbé). Mission de la femme chrétienne. 1 vol. in-12.

390 — Vie de Frédéric Ozanam. 1 vol. in-8°.

410 — La civilisation chez les Francs. 1 vol. in-8°.

411 — Deux chanceliers d'Angleterre. 1 vol. in-8°.

# P

802 **Pagani**. L'âme pieuse devant la sainte Eucharistie. 1 vol. in-12.

1412 **Pagnon** (Joseph). Lettres et fragments. 1 vol. in-12.

1779 **Pailloux** (Xavier). La famille sanctifiée (Aux mères chrétiennes). 2 vol. in-12.

1925 **Pape-Carpentier**. Le secret des grains de sable. 1 vol. in-12.

1926 **Papillon**. Histoire d'un rayon de soleil. 1 vol. in-12.

1721 **Parseval** (de). Journal d'une désœuvrée. 1 vol. in-12.

1890 **Parsons**. Le rêve d'un vieillard. 1 vol. in-12.

1357 **Pas** (André Le). Sous le manteau de la cheminée. 1 vol. in-12.

24 **Paul** (A.). Le pilote Willis, ou suite de Robinson suisse. 2 vol. in-12.

1423 **Pauthe** (abbé). Mission d'Eugénie de Guérin. 1 vol. in-12.

1525 **Pavy** (abbé). Les recluseries. 1 vol. in-12.

316 — Vie et œuvres de Mgr Pavy. 2 vol. in-8°.

188 **Percot** (F.). Maurice. 1 vol. in-8°.

909 **Perennes**. Histoire de saint François de Sales. 2 vol. in-12.

1319 **Perraud** (R. P.). Les paroles de l'heure présente. 1 vol. in-12.

2705 **Perraud** (R. P.). Le christianisme et le progrès (conférences). 1 vol. in-12.

366 **Perreyve** (abbé). Lettres du Père Lacordaire à des jeunes gens. 1 vol. in-12.

596 — La journée des malades. 1 vol. in-12.

1246 — Entretiens sur l'Église catholique. 2 vol. in-12.

1341 — Lettres. 1 vol. in-12

1574 — La Pologne. 1 vol. in-12.

1990 — Conférences. 1 vol. in-12.

320 **Perrin** (abbé). Les martyrs du Maine. 1 v. in-12.

1906 **Perrot** (abbé). La Juive convertie. 1 vol. in-12.

292 **Petit** (abbé). Histoire de saint François d'Assise. 1 vol in-12.

549 — Voyage à Hippone. 1 vol. in-12.

427 — Le Tong-King. 1 vol. in-4º.

2294 **Petit** (Loïc). Le roman de Paquette. 1. vol. in-12

1244 **Piccirillo** (R. P.). L'orpheline des Calabres. 1 vol. in-12.

215 — Même ouvrage. 1 vol. in-8º.

1480 **Pichard** (Mlle). Fanchonnette 1 vol. in-12.

582 — Le journal d'une femme de bien. 1 vol. in-12.

2730 **Pichenot** (Amédée). John Halifax. 2 vol. in-12.

1604 **Pierre** (Marie). Sous les pommiers. 1 vol. in-12.

381 **Pierre** (Victor). Histoire de la République de 1848. 2 vol. in-12.

86 **Pinard** (abbé). Bienfaits du catholicisme. 1 vol. in-8º.

113 — Le génie du Catholicisme. 1 vol. in-8º.

1444 **Pioger** (abbé). La vie après la mort. 1 vol. in-12.

1837 **Piotrowski**. Souvenirs d'un Sibérien. 1 v. in-12.

987 **Pitray** (Mme de). Les débuts du gros Philéas. 1 vol. in-12.

1058 — Les enfants des Tuileries. 1 vol. in-12.

1644 — Le château de la Pétaudière. 1 vol. in-12.

2185 — Entre parias. 1 vol. in-12.

2338 — Petit monstre et poule mouillée. 1 vol. in-12.

2415 — Cœur-de-fer. 1 vol. in-12.

1136 **Pizetta**. Les secrets de la plage. 1 vol. in-12.

1137 — Histoire d'une feuille de papier. 1 vol. in-12.

1832 — Les voyages d'une goutte d'eau. 1 vol. in 12.

1493 **Pizzetta.** Le monde tropical et le monde polaire. 2 vol. in-12.

154 **Plantier** (Mgr). La vraie vie de Jésus. 1 vol. in-8º.

542 **Poillon** (L.). Chants historiques de Silvio Pellico. 1 vol. in-12.

2228 **Poli** (Oscar de). Récits d'un soldat. 1 vol. in-12.

2264 — Fleur-de-lys. 1 vol. in-12.

1121 — Les soldats du pape. 1 vol. in-12.

1383 **Ponlevoy** (de). Captivité et mort des RR. PP. Jésuites sous la Commune. 1 vol. in-12.

131 — Vie du R. P. de Ravignan. 2 vol. in-8º.

820 **Pont** (R. P. du). Vie du P. B. Alvarez. 2 v. in-12.

945 **Pontmartin** (de). Nouveaux Samedis. 1 v. in-12.

1903 — Le filleul de Beaumarchais. 1 vol. in-12.

1755 — La fin du procès. 1 vol. in-12.

1830 — Le radeau de Méduse. 1 vol. in-12.

1924 — Lettres d'un intercepté. 1 vol. in-12.

590 — Les jeudis de Mme Charbonneau. 1 vol. in-12.

2009 — Mes mémoires. 1 vol. in-12.

796 **Pontrais** (du). Les deux sœurs de charité. 1 vol. in-12.

957 — Hélène. 1 vol. in-12.

1529 — Marce Laville. 1 vol. in-12.

1470 — Paule de Corlay. 1 vol. in-12.

1504 — Perles vraies. 1 vol. in-12.

6 **Porchat** (Jacques). Contes merveilleux. 1 v. in-12.

2343 **Posson** (Anatole). La fiancée de la mort. 2 v. in-12.

2354 — Le renégat de Venise. 1 vol. in-12.

2355 — Un doge conspirateur. (Suite du renégat de Venise.) 1 vol. in-12.

484 **Postel** (abbé). Histoire de Marie-Christine de Savoie. 1 vol. in-12.

999 — Les après-midi du Bois-Thibault. 1 vol. in-12.

1001 — A l'ombre du vieux Castel. 1 vol. in-12.

884 **Pouget** (R. P.). Vie de Mlle de Lamourous. 1 v. in-12.

1094 — Vie de Louis Maillard. 1 vol. in-12.

143 **Poujoulat.** Vie de Jeanne d'Arc. 1 vol. in-12.

144 — Voyage en Algérie. 1 vol. in-12.

169 — Voyage en Orient. 1 vol. in-12.

450 — Histoire de Jérusalem. 2 vol. in-12.

902 **Poujoulat.** Le cardinal Maury. 1 vol. in-12
262 — Hist. de saint Augustin. 2 vol. in-8º.
294 — Hist. de France de 1814 à 1867. 4 vol. in-8º.
1743 **Poulailler** (Jules). Les suites d'une éducation.
    1 vol. in-12.
924 **Poulide** (abbé). De la dévotion au Sacré-Cœur de
    Jésus. 1 vol. in-12.
812 **Pouzot** (abbé). Lettres du P. Surin. 1 vol. in-12.
558 **Préo** (de). Les Youlofi. 1 vol. in-12.
65 **Prévost** (Maurice le). Chroniques du patronage.
    1 vol. in-12.
72 — Les jeunes ouvriers. 1 vol. in-12.
415 — Ateliers et magasins. 1 vol. in-12.
444 — Les misérables d'autrefois. 1 vol. in-12.
1194 **Price** (R. P.). Les secrets de la mort. 1 vol. in-12.
2367 **Prieur** (le). Les recettes de famille. 1 vol. in-12.
2341 **Protche de Viville.** La soupe noire. 1. v. in-12.
2371 — Jean Courtebarbe. 1 vol. in-12.
1700 **Puget** (du). Le foyer domestique. 1 vol. in-12.

# Q

1337 **Quatrebarbes** (de). Une paroisse vendéenne
    sous la Terreur. 1 vol. in-12.
45 — Souvenirs d'Ancône. 1 vol. in-4º.
901 **Queyras.** Mémoires du cardinal Pacca. 2 vol.
    in-12.
960 **Quinton.** Aurélia, ou les Juifs de la porte Capène.
    2 vol. in-12.
1095 — Le dieu Plutus. 1 vol. in-12.
1409 — Le gentilhomme de 89. 2 vol. in-12.

# R

2170 **Raime** (de). Le prix de la foi. 1 vol. in-12.
774 **Rallaye** (de la). Le Rhône et la Méditerranée.
    1 vol. in-12.

1299 **Rambaud** (abbé). Six mois de captivité à Kœnigsberg. 1 vol. in-12.

1382 — Siège de Metz. 1 vol. in-12.

396 **Ramière** (R. P.). L'apostolat de la prière. 1 vol. in-12.

1490 **Rastoul**. L'Église de Paris sous la Commune. 1 vol. in-12.

843 **Ratisbonne** (R. P.). St Bernard et son siècle. 2 vol. in-12.

329 **Ravelet**. Le V. Jean-Baptiste de la Salle. 1 vol. in-8º.

547 **Ravensberg** (de). Saint-Pierre de Rome. 1 vol. in-12.

548 — Jérusalem. 1 vol. in-12.

200 **Ravignan** (R. P. de). La vie chrétienne d'une dame dans le monde. 1 vol. in-12.

398 — Dernière retraite. 1 vol. in-12.

400 — Entretiens spirituels. 1 vol. in-12.

47 — Conférences. 4 vol. in-8º.

222 — Clément XIII et Clément XIV. 1 vol. in-8º.

842 **Raymond** (Emmeline). Lettres d'une marraine à sa filleule. 1 vol. in-12.

844 — La civilité non puérile mais honnête. 1 vol. in-12.

976 — A quelque chose malheur est bon. 1 vol. in-12.

1221 — Autobiographie d'une inconnue. 1 vol. in-12.

1231 — Partie et revanche. 1 vol. in-12.

1587 — Le secret de la vieille demoiselle. 2 vol. in-12.

1710 — La seconde femme. 2 vol. in-12.

1497 — Elisabeth aux cheveux d'or. 2 vol. in-12.

1429 — La plus heureuse de la famille. 1 vol. in-12.

1881 — Le secret des Parisiennes. 1 vol. in-12.

1907 — La famille de M. Margeret. 1 vol. in-12.

1729 — Les rêves dangereux. 1 vol. in-12.

1071 — Un récit qui ne se termine pas par un mariage. 1 vol. in-12.

1441 — Barbe-Bleue. 1 vol. in-12.

1567 — Les grands et les petits devoirs. 1 vol. in-12.

2037 — Une femme élégante. 1 vol. in-12.

2042 — Aide-toi, le Ciel t'aidera. 1 vol. in-12.

2073 **Raymond** (Emmeline) La petite princesse des bruyères. 1 vol. in-12.

2127 — Hist. d'une famille. 1 vol. in-12.

1778 — Gisèle. 2 vol. in-12.

493 — Journal d'une jeune fille pauvre. 1 vol. in-12.

856 **Recurt** (Mme). Rien n'est parfait ici-bas. 1 vol. in-12.

946 **Redon** (abbé). Boutades et raisons. 1 vol. in-12.

1738 **Regel** (Maurice de). Hugues de Rathsamhausen. 1 vol. in-12.

1501 **Regnault** (Emile). La dauphine Marie-Joseph de Saxe. 1 vol. in-12.

1375 **Renard** (Léon). Le fond de la mer. 1 vol. in-12.

308 — Perdus dans les glaces. 1 vol. in-8°.

1338 **Rendu** (Victor). Mœurs des insectes. 1 vol. in-12.

972 **Renière** (la). Une femme forte et une mère. 1 vol. in-12.

467 **Resbecq** (de). Charles, ou un voyage pour récompense. 1 vol. in-12.

360 **Révoil** (Henry). Les Parias du Mexique. 1 vol. in-12.

876 — La cour d'un roi d'Orient. 1 vol. in-12.

1866 — L'ange des prairies. 1 vol. in-12.

297 — Chasses dans l'Amérique du Nord. 1 vol. in-8°.

141 **Revol-Annison**. La religion prouvée par la seule raison. 3 vol. in-8°.

1527 **Reynier** (R. P.). Vie du R. P. Captier, massacré en 1871. 1 vol. in-12.

1920 **Reynier** (Paul). Œuvres choisies (poésies). 1 vol. in-12.

1451 **Rhoda-Wite** (Mme). De l'enfance au mariage. 2 vol. in-12.

303 **Riancey** (Henry de). Histoire du monde. 9 vol. in-8°.

1485 **Ribbe** (Charles de). Deux chrétiennes en 1720. 1 vol. in-12.

543 — Les familles et la société en France. 2 vol. in-12.

545 — Une famille au XVIe siècle. 1 vol. in-12.

533 — Le livre de famille. 1 vol. in-12.

261 **Ricard** (Mgr). Anselme et Célestine. 2 vol. in-12.

1224 — Les noces d'or de Pie IX. 1 vol. in-12.

2164 — Montalembert. 1 vol. in-12.

2225 — Joseph-Auguste Séguret. 1 vol. in-12.

2215 — Lamennais. 1 vol. in-12.

230 **Richard** (abbé). Vie de la B. Françoise d'Amboise. 2 vol. in-8º.

967 **Richebourg** (Emile). Récits devant l'âtre. 1 vol. in-12.

969 **Rio.** Les quatre martyrs. 1 vol in-12.

2381 **Robinet de Cléry.** Les avant-postes pendant le siège de Paris. 1 vol. in-12.

2284 **Rochay** (de). Le ménétrier de la république.

2297 — Le roi des requins. 1 vol. in-12.

2307 — La caravane de la mort. 1 vol. in-12.

2308 — Les pirates de la mer Rouge. 1 vol. in-12.

2309 — Une visite aux pays du diable. 1 vol. in-12.

2298 **Rochelle** (de la). L'orpheline d'Evenos. 1 vol. in-12.

170 **Rochèra** (Mᵐᵉ de la). Les Châtelaines de Roussillon. 1 vol. in-12.

973 — Une héroïne à 60 ans. 1 vol. in-12.

1228 — Les récits de la marquise. 1 vol. in-12.

9 — Caroline de Terville. 1 vol. in-8º.

16 — Stéphanie Valdor. 1 vol. in-4º.

1995 — Les nièces de la baronne. 1 vol. in-12.

2134 — Mélanie Gerbier. 1 vol. in-12.

2287 — Séraphine. 1 vol. in-12.

2288 — Aline de Chanterive. 1 vol. in-12.

2295 — Mignonnette. 1 vol. in-12.

178 **Rodriguez** (Alphonse). Pratique de la perfection chrétienne. 3 vol. in-8º.

1138 **Roger** (A.). Les monstres invisibles. 1 vol. in-12.

1098 — Voyage sous les flots. 1 vol. in-12.

1542 **Rogron** (Adrienne). Le testament d'une vieille fille. 1 vol. in-12.

1496 — Le choix de Suzanne 1 vol. in-12.

2711 **Roland d'Henval.** Henriette Delhaporte. 1 vol. in-12.

1796 **Roméo d'Avirey.** Louis XIV. 1 vol. in-8º.

.41 **Roncière le Noury** (de la). La marine au siège de Paris. 1 vol. in-4°.

202 **Rondelet** (Antonin). Mémoires d'un homme du monde. 1 vol. in-12.

203 — Les mémoires d'Antoine. 1 vol. in-12.

637 — Un drame dans un omnibus. 1 vol. in-12.

1046 — Economie politique. 1 vol. in-12.

1414 — L'éducation de la vingtième année. 1 vol. in-12.

1586 — Le lendemain du mariage. 1 vol. in-12.

1769 — Le danger de plaire. 1 vol. in-12.

332 **Ropartz.** Vie et œuvres de La Mennais. 1 vol. in-8°.

1017 **Rosary** (Eugène). Un homme de cœur. 1 vol. in-12.

451 **Roselly.** Vie et voyages de Christoph Colomb. 2 vol. in-12.

1464 **Rosendal.** Marguerite de Brillac. 1 vol. in 12.

810 **Rosmini** (abbé). Histoire de l'amour chrétien. 1 vol. in-12.

703 **Rouquette** (abbé). L'Eucharistie. 1 vol. in-12.

280 — Sainte Clotilde et son siècle. 1 vol. in-8°.

1203 **Rousseau** (Léontine). Lars Vonved, ou le pirate. 1 vol. in-12.

1806 — Dionis, ou les premières lueurs de l'aube. 1 vol. in-12.

2417 — William Wallace. 1 vol. in-12.

1541 **Rousset** (Camille). La conquête d'Alger. 1 vol. in-12.

954 **Rouvaire** (de). Le roman d'une cloche. 1 vol. in-12.

654 **Roux-Ferrand.** Philippe Raimbaud. 1 vol. in-12.

948 — Deux ménages. 1 vol. in-12.

1783 — Janine. 1 vol. in-12.

2410 **Rouzé.** Isoline du Trieux. 1 vol. in-12.

279 **Roy.** Histoire de Jeanne d'Arc. 1 vol. in-12.

285 — Chronique de Grégoire de Tours. 1 vol. in-12.

482 — Lettres. 2 vol. in-12.

32 — Les Français en Egypte. 1 vol. in-8°.

33 — Les Français en Russie. 1 vol. in-8°.

89 — La guerre d'Italie en 1859. 1 vol. in 8°.

90 **Roy**. Marie-Thérèse d'Autriche. 1 vol. in-8°.

117 — Les Français en Espagne. 1 vol. in-8°.

118 — Le siège de Sébastopol. 1 vol. in-8°.

119 — Histoire de Marie-Antoinette. 1 vol. in-8°.

9 — Quinze ans de séjour à Java. 1 vol. in-4°.

12 — Joseph Duplessis (voyage en Afrique). 1 vol. in-4°.

1386 **Roys** (marquis de). Nouvelles du dimanche. 1 vol. in-12.


# S


46 **Sabatier**. Jeanne de Montmorency. 1 vol. in-18.

1227 **Sabran-Pontèves**. A travers les champs de la pensée. 1 vol. in-12.

208 **Saillet** (de). Les enfants peints par eux-mêmes. 2 vol. in-8°.

214 — Mémoires d'un centenaire. 1 vol. in-8°.

1790 **Saint-Amand** (de). Portraits de femmes françaises. 1 vol. in-12.

8 **Sainte-Foi**. Des devoirs envers les pauvres. 1 vol. in-18.

1933 — Les heures sérieuses d'une jeune femme. 1 vol. in-12.

827 **Sainte-Foy** (Charles). Vie du V. Joseph Anchieta. 1 vol. in-12.

2734 **Saint-Emand**. La chambre des amours. 1 vol. in-12.

350 **Sainte-Marie** (Mme de). Les bonnes élèves. 1 vol. in-12

351 — Répertoire des maîtresses. 1 vol in-12.

1243 — Les deux orphelins. 1 vol. in-12.

1260 — Pauline, ou Mlle de Monteymart. 1 vol. in-12.

1301 — La famille de Kendal. 1 vol. in-12.

1302 — L'intérieur d'une famille. 1 vol. in-12.

1303 — Christine, ou espérances trompées. 1 vol. in-12.

1305 — La tendresse maternelle. 1 vol. in-12.

1306 — Rose et Lucie. 1 vol. in-12.

6 **Sainte-Marie** (M<sup>me</sup> de). Espérances trompées. 1 vol. in-18.

405 — La Tunisie. 1 vol. in-8°.

823 **Saint-Simon** (de). Vie du bienheureux frère Basile. 1 vol. in-12.

736 **Saintine.** Seul! 1 vol. in-12.

1598 — Picciola. 1 vol. in-12.

370 **Saint-Réné-Tallandier.** Le roi Léopold et la reine Victoria. 2 vol. in-8°.

218 **Sales** (saint François de). Introduction à la vie dévote. 1 vol. in-12.

403 — Des lettres à des personnes du monde. 1 vol. in-12.

806 **Salvatori** (abbé). Vie de Ste Véronique Gingliani. 1 vol. in-12.

15 **Saucié.** Œuvres choisies de Racine. 1 vol. in-8°.

16 — Bossuet de la jeunesse, ou extraits de ses œuvres. 1 vol. in-8°.

1377 **Sandeau** (Jules). La Roche aux mouettes. 1 v. in-12.

1701 — Madeleine. 1 vol. in-12.

1935 — Sacs et parchemins. 1 vol. in-12.

2030 — Mademoiselle de la Seiglière. 1 vol in-12.

1276 **Sandras** (M<sup>me</sup>). Mémoires d'un lapin blanc. 1 vol. in-12.

952 **Sanesi** (abbé). Maria. 1 vol. in-12.

460 **Sauquet** (M<sup>me</sup>). L'amie des jeunes personnes. 1 vol. in-12.

487 — La fille de l'orfèvre. 1 vol. in-12.

498 — Marguerite Morus. 1 vol. in-12.

574 — Les veillées du pensionnat. 1 vol. in-12.

581 — Les enfants d'Edouard. 1 vol. in-12.

253 **Sauquet.** L'enfant des montagnes. 1 vol. in-8°.

318 — Les trois mères. 1 vol. in-8°.

126 **Savignac** (M<sup>me</sup> de). Adrienne. 1 vol. in-12.

321 **Savigny** (M<sup>me</sup> de). L'éducation chrétienne. 1 vol. in-12.

528 **Savornin.** La chapelle expiatoire. 1 vol. in-12.

469 **Schmidt** (chanoine). Les deux jumeaux. 1 v. in-12.

1313 — 190 contes pour les enfants. 1 vol. in-12.

1452 — Fridolin, ou le triomphe de la vertu. 1 vol. in-12.

922 — **Schouvaloff** (R. P.). Ma conversion et ma vocation. 1 vol. in-12.

683 **Schubert**. Histoire de Philippe Ashton. 1 vol. in-12.

1753 **Sebran** (Marie). Rousou. 1 vol. in-12.

431 **Seguin** (Alfred). Si j'étais grand. 1 vol. in-4º.

3 **Ségur** (c<sup>tesse</sup>). Les bons enfants. 1 vol. in-12.

8 — Les malheurs de Sophie. 1 vol. in-12.

11 — Les deux Nigauds. 1 vol. in-12.

28 — L'auberge de l'Ange-Gardien. 1 vol. in-12.

29 — Le général Dourakine. 1 vol. in-12.

681 — François le bossu. 1 vol. in-12.

772 — Un bon petit diable. 1 vol. in-12.

869 — Jean qui grogne et Jean qui rit. 1 vol. in-12.

934 — Les petites filles modèles. 1 vol. in-12.

984 — La fortune de Gaspard. 1 vol. in-12.

1055 — Quel amour d'enfant! 1 vol. in-12.

1007 — Le mauvais génie. 1 vol. in-12.

1312 — Après la pluie, le beau temps. 1 vol. in-12.

14 — Mémoires d'un âne. 1 vol. in-12.

10 — La sœur de Gribouille. 1 vol. in-12.

1183 — Diloy le Chemineau. 1 vol. in-12.

1638 — Marie Lecksinska. 1 vol. in-12.

43 **Ségur** (M<sup>gr</sup>). Opuscules divers. 2 vol. in-12.

1554 — Ma mère. 1 vol. in-12.

2320 — Instructions familières. 2 vol. in-12.

73 **Ségur**. Les martyrs de Castelfidardo. 1 vol. in-12.

837 — Témoignages et souvenirs. 1 vol. in-12.

1249 — Sabine de Ségur. 1 vol. in-12.

599 — Vie de M<sup>me</sup> Molé. 1 vol. in-12.

1922 — Souvenirs et récits d'un frère. 2 vol. in-12.

1820 — Grandes questions du jour. 1 vol. in-12.

1846 — Un hiver à Rome. 1 vol. in-12.

146 — Histoire de Napoléon et de la Grande Armée. 2 vol. in-8º.

312 — Vie du comte de Rostopchine. 1 vol. in-8º.

41 — Les mémoires d'un troupier. 1 vol. in-18.

2735 **Sémézièes** (Marcel). L'impasse. 1 vol. in-12.

688 **Serbois** (de). Souvenirs de voyages. 1 vol. in-12.

1540 **Servan** (de). L'épée de Charles-Quint. 1 v. in-12.

14 **Sévigné** (M^me de). Choix de lettres. 1 vol. in-8°.

1189 **Silva**. Histoire d'un billet de banque. 1 vol in-12.

2312 **Simon** (Charles) L'agonie du Race. 1 vol. in-12.

2008 **Smiles** (Sam). La vie des Stephenson. 1 vol. in-12.

1918 **Snieders** (Aug.). Dans la Campine. 1 vol. in-12.

12 **Soldi**. Contes d'Andersen. 1 vol. in-12.

1836 **Sonrel**. Le fond de la mer. 1 vol. in-12.

840 **Sorel** (Alexandre). Le couvent des Carmes en 1792. 1 vol. in-12.

1440 **Sorin**. Suez, ou la jonction des deux mers. 1 vol. in-12.

199 **Soucy** (Valentine de). Couronne des saintes femmes. 2 vol. in-8°.

1505 **Soudry** (M^me). M^lle Jenny Harent. 1 vol. in-12.

208 **Souvestre** (Emile). Confessions d'un ouvrier. 1 vol. in-12.

687 — Un philosophe sous les toits. 1 vol. in-12.

1873 — Au bord du lac. 1 vol. in-12.

1894 — Scènes de la chouannerie. 1 vol. in-12.

1896 — Souvenirs d'un vieillard. 1 vol. in-12.

1852 — En quarantaine. 1 vol. in-12.

1864 — Le mémorial de famille. 1 vol. in-12.

1875 — Au coin du feu. 1 vol. in-12.

1891 — En famille. 1 vol. in-12.

1905 — Scènes et récits des Alpes. 1 vol. in-12.

1734 — Les deux paysans. 1 vol. in-12.

1761 — Dans la prairie. 1 vol. in-12.

1762 — Chroniques de la mer. 1 vol. in-12.

1763 — Sous les filets. 1 vol. in-12.

1870 — Sous la tonnelle. 1 vol. in-12.

1921 — Le foyer breton. 2 vol. in-12.

1922 — Les clairières. 1 vol. in-12.

1142 **Stahl**. Morale familière. 1 vol. in-12.

1290 — Les vacances. 1 vol. in-12.

1438 — Récits et aventures. 1 vol. in-12.

2124 — Le docteur Marsch. 1 vol. in-12.

2153 — Les patins d'argent. 1 vol. in-12.

2154 — Les quatre peurs de notre général. 1 vol. in-12.

2732 **Stany** (le commandant). Geneviève de Nauvailles. 2 vol. in-12.

2383 **Stany** (le commandant). Les épingles de sainte Catherine. 1 vol. in-12.

2312 **Stevenson** (R. S.). L'île aux trésors. 1 vol. in-12.

62 **Stolbeg** (comte de). Histoire de Notre-Seigneur Jésus-Christ. 2 vol. in-8º.

773 **Stolz** (Mᵐᵉ de). L'Académie chez bonne maman. 1 vol. in-12.

862 — Simples nouvelles. 1 vol. in-12.

1241 — La maison roulante. 1 vol. in-12.

1343 — La couronne de roses blanches. 1 vol. in-12.

1432 — Par-dessus la haie. 1 vol. in-12.

1640 — Le vieux de la forêt. 1 vol. in-12.

232 — Julie. 1 vol. in-8º.

1534 — Les vacances du grand-père. 1 vol. in-12.

1528 — Valentine. 1 vol in-12.

1644 — Fauvette. 1 vol in-12.

1929 — Les frères de lait. 1 vol· in-12.

1942 — Les mésaventures de Mˡˡᵉ Thérèse. 1 vol. in-12.

1998 — Mes tiroirs. 1 vol. in-12.

2052 — Quatorze jours de bonheur. 1 vol. in-12.

2081 — Le gros lot. 1vol. in 12.

2088 — La maison blanche. 1 vol. in-12.

2089 — Magali. 1 vol.in-12.

2114 — Lis et roseau. 1 vol. in-12.

2152 — Suzane et Baptistine. 1 vol. in-12.

2206 — Le secret de Laurent. 1 vol. in-12.

2306 — Trois filles à marier.

2403 — Le vieil ami. 1 vol. in-12.

2414 — Le sauvage de Sombreval. 1 vol. in-12.

2416 — Diamant, bronze et or. 1vol. in-12.

2418 — Les deux docteurs. 1 vol. in-12.

2413 — L'onguent du berger. 1 vol. in-12.

407 **Swetchine** (Mᵐᶜ). Journal de sa conversion. 1 vol. in-12.

352 **Swlift**. Voyage de Gulliver. 1 vol. in-12.

392 **Sylvain** (abbé). Vie du père Hermann. 1 vol. in-12.

# T

726 **Tallon** (Amédée). L'auberge de Spessart. 1 v. in-12.
1336 — La caravane. 1 vol. in-12.
243 **Tarbé des Sallons** (M^me). Elda de Kérénor. 1 vol. in-8º.
1190 — Clotilde. 1 vol. in-12.
25 **Tarweld** (Mathilde). Blanche de Selva. 1 v. in-18.
990 **Taulier** (J.). Les deux petits Robinsons. 1 v. in-12.
2315 **Taxil** (Léo). Confessions d'un ex-libre-penseur. 1 vol. in-12.
1717 **Teram**. Mémoire d'une pétroleuse. 1 vol. in-12.
430 **Tevain** (Marc). Le prince et le pauvre. 1 v. in-4º.
2704 **Thackeray**. La foire aux vanités. 2 vol. in-12.
153 **Thérèse** (sainte). Lettres. 3 vol. in-8º.
538 **Thierry** (Am.). St Jean-Chrysostome et l'impératrice Eudoxie 1 vol. in-12.
539 — Derniers temps de l'empire d'Occident. 1 vol. in-12.
388 **Thierry** (Aug.). Récits des temps mérovingiens. 1 vol. in-8º.
1144 **Tholmey**. Derniers jour d'un règne. 1 vol. in-12.
35 — Tigranate (récits historiques). 1 v. l. in-4º.
1521 — Les fils de la montagne. 1 vol. in-12.
290 **Thomas** (H.). Hermine de la Bassemouturie. 1 vol. in-8º.
907 **Thomin** (L.). Le poignard du Vésuve. 1 vol. in-12.
2311 **Tillière** (M.). Le talisman des Lindwood, traduit de l'anglais. 1 vol. in-12.
1818 **Tissot** (Marcel). La princesse Esterhazy. 1 vol. in-12.
1887 — Antoinette de Montjoie. 1 vol. in-12.
2259 — La comtesse Brigitte. 1 vol. in-12.
2302 **Tissot** (V). Mes vacances en Allemagne. 1 v. in-
72 **Todière**. L'Angleterre sous les trois Edouard. 1 vol. in-8º.
79 — Charles VI. 1 vol. in-8º.
75 — La guerre des deux Roses. 1 vol. in-8º.

3

76 **Todière**. Philippe-Auguste. 1 vol. in-8º.

91 — Les derniers Césars de Byzance. 1 vol. in-8º.

1163 — L'Autriche sous Marie-Thérèse. 1 vol. in-8.

92 — Histoire de Louis XII. 1 vol. in-8º.

393 **Tolstoy**. Ivan le Terrible. 1 vol. in-12.

1703 **Topffer**. Nouvelles genevoises. 1 vol. in-12.

1764 — Le presbytère. 1 vol. in-12.

1782 — Rosa et Gertrude. 1 vol. in-12.

344 **Tounissoux** (abbé). Ne fuyons pas les campagnes. 1 vol. in-12.

1660 — Le bien-être et l'ouvrier. 1 vol. in-12.

1786 **Tour** (c^te de la). Scènes de la vie hongroise. 1 vol. in-12.

103 **Tour du Pin** (c^tesse de la). Sous le chaume. 1 vol. in-12.

1103 — Reine. 1 vol. in-12.

1784 — Les ancres brisées. 1 vol. in-12.

734 **Tournefort** (de). Le manuscrit du vicaire. 1 vol. in-12.

48 **Trébutien**. Lettres de Maurice de Guérin. 1 vol. in-12.

49 — Lettres d'Eugénie de Guérin. 1 vol. in-12.

956 **Tressan** (M^lle de). Vie de St Ignace. 1 vol. in-12.

2346 **Trevart** (A.). La confession de Jabie. 1 v. in-12.

597 **Trognon** (Aug.). Vie de Marie-Amélie. 1 vol. in-12.

2314 **Trouessart** (M^lle). Aveugle !!! 1 vol. in-12.

# U

2335 **Ulbach** (Louis). Causeries du dimanche. 1 v. in-12.

150 **Ulliac-Tremadeure**. La pierre de touche. 1 vol. in-12.

204 — Les jeunes artistes. 1 vol. in-12.

333 — Emilie, ou la jeune fille auteur. 1 vol. in-12.

443 — La maîtresse de maison. 1 vol. in-12.

440 — Secrets du foyer domestique. 1 vol. in-12.

592 — Souvenirs d'une vieille femme. 2 vol. in-12.

648 — Contes de la mère l'Oie. 1 vol. in-12.

1093 — Scènes du monde réel. 1 vol. in-12.

322 **Ulloa** (Pierre). Marie-Caroline d'Autriche. 1 vol. in-8°.

# V

408 **Vachet** (abbé). Pèlerins et touristes en Orient. 2 vol. in-8°.

84 **Valentin**. Les ducs de Bourgogne. 1 vol. in-8°.

302 **Vallet** (abbé). Le livre des bons parents. 1 vol. in-8°.

507 **Valette** (abbé de ). Antoine, ou le retour au village. 1 vol. in-12.

36 **Vallos** (abbé de). L'école de la piété filiale. 1 vol. in-8°.

2353 **Vallon** (George du). Libre-penseuse. 1 vol. in-4°.

2739 — Un roman en Alsace. 1 vol. in-12.

2399 — La roche d'Enfer. 1 vol. in-12.

1256 **Valmont**. Amour et sacrifice. 1 vol. in-12.

2007 **Valori** (de). Petites pages d'histoire. 1 vol. in-12.

419 **Valson** (doyen de la Faculté). Ampère, sa vie et ses travaux. 1 vol. in-8°.

257 **Valuy** (Benoît). Ste Marie-Madeleine. 1 vol. in-8°.

602 **Van Looy** (H.). Le château de l'aïeule. 1 vol. in-12.

1238 **Vanssay** (de). Mgr Mermillod. 1 vol. in-12.

221 **Varin** (Paul). Expédition en Chine. 1 vol. in-8°.

2053 **Vattier**. Le roman d'une sœur. 2 vol. in-12.

2055 — La vie en plein air. 1 vol. in-12.

2058 — Le bouquet de lin. 1 vol. in-12.

2373 — Vingt millions de rente. 1 vol. in-12.

267 — L'ami de la jeunesse. 1 vol. in-8°.

1677 — Chêne et roseau. 1 vol. in-12.

408 **Ventura** (R. P.). La Mère de Dieu et des hommes. 1 vol. in-12.

1080 **Véran** (abbé). Hist. de Ste Marthe. 1 vol. in-12.

382 **Verne** (Jules). Cinq semaines en ballon. 1 vol. in-12.

587 **Verne** (Jules) La Jangada. 2 vol. in-12.

773 — Voyage au centre de la terre. 1 vol. in-12.

1026 — Les Anglais au pôle Nord. 1 vol. in-12.

1027 — De la terre à la lune. 1 vol. in-12.

1123 — Les enfants du capitaine Grant. 3 vol. in-12.

1331 — Une ville flottante. 1 vol. in-12.

1332 — Le désert de glace. 1 vol. in-12.

1333 — Hist. des grands voyages. 1 vol. in-12.

1334 — Vingt mille lieues sous les mers. 2 vol. in-12.

1335 — Autour de la lune. 1 vol. in-12

1339 — Aventures de trois Russes. 1 vol. in-12.

1376 — Le pays des fourrures. 2 vol. in-12.

1379 — Le tour du monde en 80 jours. 1 vol. in-12.

1477 — Le docteur Ox. 1 vol. in-12.

1487 — Les naufragés de l'air. 1 vol. in-12.

1555 — Michel Strogoff. 2 vol. in-12.

1590 — L'Ile mystérieuse, ou l'abandonné. 1 vol in-12.

1563 — Le Chancellor. 1 vol. in-12.

1602 — Le secret de l'île. 1 vol. in-12.

1645 — Hector Servadac. 2 vol. in-12.

1815 — Les Indes-Noires. 1 vol. in-12.

1863 — Les cinq cents millions de la Bégum. 1 vol. in-12.

1661 — Un capitaine de 15 ans. 2 vol. in-12.

1967 — La maison à vapeur. 2 vol. in-12.

2000 — Le rayon vert. 1 vol. in-12.

2099 — Keraban-le-Têtu. 1 vol. in-12.

2100 — L'école des Robinsons. 1 vol. in-12.

2101 — Les tribulations d'un Chinois. 1 vol. in-12.

2102 — Hist. des grands voyages au XIXe siècle. 2 vol. in-12.

2115 — Hist. des grands voyages au XVIIIe siècle. 2 vol. in-12.

2141 — L'archipel en feu. 1 vol. in-12.

2173 — L'étoile du Sud. 1 vol. in-12.

2220 — Mathias Sandorf. 3 vol. in-12.

2256 — L'épave. 1 vol. in-12.

2263 — Robur le Conquérant. 1 vol. in-12.

2283 — Un billet de loterie. 1 vol. in-12.

250 **Vertot.** Hist. des chevaliers de Malte. 5 v. in-12

27 **Veuillot** (Louis). De quelques erreurs sur la Papauté. 1 vol. in-12.

52 — Satires. 1 vol. in-12.

215 — Cà et là. 2 vol. in-12.

311 — Rome et Lorette. 2 vol. in-12.

312 — Les pèlerinages de Suisse. 2 vol. in-12.

313 — Agnès de Lauvens. 2 vol. in-12.

314 — Le parfum de Rome. 2 vol. in-12.

315 — Les nattes. 1 vol. in-12.

690 — Historiettes et fantaisies. 1 vol. in-12.

2317 — La vie de N.-S. Jésus-Christ. 1 vol. in-12.

2338 — Molière et Bourdaloue. 1 vol. in-12.

1083 — Pensées. 1 vol. in-12.

1797 (bis). — Corbin et d'Aubecourt. 1 vol. in-12.

1706 — Paris pendant les deux sièges. 2 vol. in-12.

1707 — Les odeurs de Paris. 1 vol. in-12.

1709 — Pierre Saintive. 1 vol. in-12.

133 — Les Français en Algérie. 1 vol. in-8°.

1912 — Les libres penseurs. 1 vol. in-12.

689 **Veuillot** (Eugène). Récits variés. 1 vol. in-12

1211 — Le Piémont dans les Etats de l'Eglise. 1 vol. in-12.

1200 **Viardot** (L.). Les merveilles de la peinture. 1 vol. in-12.

6 **Vidal** (abbé). St Paul, sa vie et ses œuvres. 2 vol. in-8°.

155 **Vignolot**. La vocation, ou conseils pour le choix d'un état. 1 vol. in-12.

2063 **Vignon** (abbé). Entre les Alpes et les Carpathes. 1 vol. in-12.

1134 **Villain** (H.). Histoire d'un grain de sel. 1 vol. in-12.

1663 — Les mystères d'une bougie. 1 vol. in-12.

311 **Villard** (H.). Correspondance du P. Lacordaire. 1 vol. in-8°.

457 **Villars**. Paysanne et comtesse. 1 vol. in-12.

563 — Orgueil et pauvreté. 1 vol. in-12.

566 — Rose, ou l'ascendant de la vertu. 1 vol in-12.

1014 — La pensionnaire de St-Denis. 1 vol. in-12.

25 — Marie et Marguerite. 1 vol. in-8°.

170 **Villars.** Avec l'aide de Dieu. 1 vol. in-8º.

397 **Villecourt** (card.). Marie-Eustelle. 2 vol. in-12.

1101 **Villefranche.** Deux orphelines. 1 vol. in-12.

1163 — L'ange de la tour. 1 vol. in-12.

1217 — Cinéas ou Rome sous Néron. 1 vol. in-12.

354 — Pie IX, son histoire. 1 vol. in-8º.

1758 — Elisa de Montfort. 1 vol. in-12.

551 **Villemain.** Tableau de l'éloquence chrétienne au ivº siècle. 1 vol. in-12.

2187 **Villemane** (Marie de). L'anneau d'or. 1 vol. in-12.

789 **Villeneuve.** Epagathus, ou les martyrs de Lyon. 1 vol. in-12.

1913 — Guerre et paix. 1 vol. in-12.

54 **Villermont** (de). Tilly, ou la guerre de Trente-Ans. 2 vol. in-8º.

711 **Villiers** (abbé de). Le modèle de la piété. 1 vol. in-12.

679 **Vimont.** Histoire d'un navire. 1 vol. in-12.

421 **Vingtrinier** (Aimé). Soliman Pacha. 1 vol. in-8º.

534 **Violeau** (H<sup>te</sup>). La maison du Cap. 1 vol. in-12.

572 — Livre des mères chrétiennes. 1 vol. in-12.

632 — Récits du foyer. 2 vol. in-12.

633 — Veillées bretonnes. 1 vol. in-12.

747 — Histoire de chez nous. 1 vol. in-12.

859 — Souvenirs et nouvelles. 2 vol. in-12.

898 — Un homme de bien. 1 vol. in-12.

1122 — Les surprises de la vie. 1 vol. in-12.

1750 — Amice du Guermeur. 1 vol. in-12.

374 **Viollet.** Œuvres des familles royales de France. 1 vol. in-8º.

2006 **Vitet.** Eustache Le Sueur. 1 vol. in-12.

200 **Vogt** (C<sup>te</sup>). Correspondance de Marie-Antoinette. 1 vol. in-8º.

722 **Vrignault** (H.). Joseph Régnier. 1 vol. in-12.

1770 — L'héritier du mandarin. 1 vol. in-12.

# W

320 **Wallon.** St Louis et son temps. 2 vol. in-8º.

591 — Jeanne d'Arc. 2 vol. in-12.

74 **Walsh** (v^{te}). Tableau poétique des fêtes chrétien-
nes. 1 vol. in-12.
75 — Tableau poétique de la Foi. 2 vol. in-12.
78 — Histoires, contes et nouvelles. 2 vol. in-12.
81 — Souvenirs de cinquante ans. 2 vol. in-12.
153 — Tableau poétique des sacrements. 2 vol. in-12.
322 — Le fratricide. 2 vol. in-12.
324 — Lettres vendéennes. 2 vol. in-12.
97 — Journées mémorables de la révolution française.
5 vol. in-8º.
98 — Yvon le Breton. 1 vol. in-8º.
218 — Les paysans catholiques. 2 vol. in-8º.
220 — Voyage à Prague. 1 vol. in-8º.
323 — Souvenirs de voyage. 1 vol. in-8º.
77 **Walter Scott**. Miss Wardour, ou l'Antiquaire.
1 vol. in-12.
1927 — Rob-Roy. 1 vol. in-12.
2197 — Ivanhoë. 1 vol. in-12.
120 — Œuvres. 13 vol. in-12.
10 **Walter** (Jos.). Thomas Morus. 1 vol. in-8º.
1658 **Wetherell** (Elisabeth). Le monde, le vaste monde.
1 vol. in-12.
1732 — Queechy. 2 vol. in-12.
185 **Wiseman** (card.). Fabiola. 1 vol. in-12.
784 — La perle cachée. 1 vol. in-12.
83 — Souvenirs sur les 4 derniers papes. 1 vol. in-8º.
1827 — La lampe du sanctuaire. 1 vol. in-12.
342 **Witt** (M^{me} de). Une famille à la campagne. 1 vol.
in-12.
635 — Une famille à Paris. 1 vol. in-12.
1182 — Enfants et parents. 1 vol. in-12.
938 — M. Guizot dans sa famille. 1 v. in-12.
1984 — En quarantaine. 1 vol. in-12.
406 — Normands et Normandes. 1 vol. in-8º.
2211 — Le procès. 1 vol. in-12.
2243 — Un enfant sans mère. 1 vol. in-12.
2326 — A la montagne. 1 vol. in-12.
166 **Woillez** (M^{me}). Nouveaux souvenirs d'une mère
de famille. 1 vol. in-12.
1988 — Edma et Marguerite. 1 vol. in-12.

167 **Woillez** (M^me). Alix, ou la résignation. 1 vol. in-12.
851 — Les veillées de l'ouvroir. 1 vol. in-12.
11 — Silvio Pellico. 1 vol. in-8º.
41 — Le Robinson des demoiselles. 1 vol. in-8º.

# X, Z

254 **Xavier** (St François). Lettres. 2 vol. in-8º.
541 **Zeloni** (chevalier). Vie de la princesse Borghèse. 1 vol. in-12.

# OUVRAGES ANONYMES

510 Adhémar de Belcastel. 1 vol. in-12.
22 Age (l') d'or illustré. 1 vol. in-4º.
183 Agnès l'aveugle. 1 vol. in-12.
122 Album de la jeunesse. 1 vol. in-8º.
344 Alphonse (St) de Liguori. 1 vol. in-8º.
518 Ame (l'), (entretiens de famille). 1 vol. in-12.
319 Amis (les) des ouvriers. 1 vol. in-8º.
1289 Amitié (l'). 1 vol. in-12.
1915 Amour (l') chrétien dans le mariage. 1 vol. in-8º.
207 Ange (l') gardien (revue mensuelle). 5 vol. in-8º.
780 Anne de Noailles. 1 vol. in-12.
30 Apôtres (les) de charité. 1 vol. in-8º.
1020 Ars, ou le jeune philosophe. 1 vol. in-12.
801 Art (l') de traiter avec Dieu. 1 vol. in-12.
1999 Au jour le jour. 1 vol. in-12.

313 Bavoz (M^me de) de Pradines. 1 vol. in-8º.
126 Bords (les) du Rhône. 1 vol in-8º.

47 Capitaine (le) Marceau. 2 vol. in-12.
1021 Captivité de Louis XVI. 1 vol. in-12.

513 Epreuves (les) de la piété filiale. 1 vol. in-12.
1711 Esquisses religieuses. 1 vol. in-12.
68 Etoile (l') de la jeunesse. 1 vol. in-8º.
336 Eugénie, ou la vierge du Canada. 1 vol. in-12.
968 Eugénie de Revel. 1 vol. in-12.
483 Evangile (l') médité. 4 vol. in-12.
1981 Expiation d'un père (l'). 1 vol. in-12.

504 Famille (la) Luzy. 1 vol. in-12.
1467 Femme apôtre (une). 1 vol. in-12.
219 Femme (la) chrétienne depuis le berceau jusqu'à la tombe. 1 vol. in-12.
1177 Femme (la) du monde selon l'Evangile. 1 vol. in-12.
506 Fernand et Antony (histoire d'Alger). 1 vol. in-12.
69 Fleurs de mémoire. 1 vol. in-8º.
308 Foi (la) et la raison. 1 vol. in-12.

13 Génie (le) des enfants. 1 vol. in-8º.
454 Géraldine, ou histoire d'une conscience. 1 vol. in-12.
278 Gilbert, ou le poète malheureux. 1 vol. in-12.
1073 Glorieuse victoire de Mentana. 1 vol. in-12.
646 Grave et gai, rose et gris. 1 vol. in 12.
1062 Gustave, le volontaire du Pape. 2 vol. in-12.

1880 Héritier (l') de Redclyffe. 2 vol. in-12.
281 Hist. de Louis XIV. 1 vol. in-12.
2065 Hist. de Mlle Legras, fondatrice des filles de Saint-Vincent-de-Paul. 1 vol. in-12.
73 Hist. des quatre derniers Valois. 1 vol. in-8º.
39 Hubert, ou la paresse et l'indocilité. 1 vol. in-18.

2262 Indiana (l'). 1 vol. in-12.
240 Instructions sur les dimanches et fêtes. 1 vol. in-12.
1302 Ismaëla. 1 vol. in-12.

43 Jésus aux serviteurs de Marie. 1 vol. in-18.
327 Jeune (une) fille chrétienne. 1 vol. in-8º.

1737 Jeune (la) belle-mère. 2 vol. in-12.
206 Journal de Clotilde. 1 vol. in-8°.
143 Journal des jeunes personnes. 6 vol. in-8°.
    Journal des enfants. 4 vol. in 4°.
110 Jules Chrétien. 2 vol. in-8°.
556 Julien Durand. 1 vol. in-12.


559 Lancelle et Anatole. 1 vol. in-12.
135 Laure de Cernan. 1 vol. in-8°.
220 Lettres édifiantes et curieuses. 26 vol. in-12.
221 Lettres (nouvelles) édifiantes et curieuses. 8 vol.
    in-12.
404 Livre (le) des jeunes filles. 1 vol. in-12.
1350 Livre (le) d'or, ou l'âme sanctifiée. 1 vol. in-12.
1595 Livre (le) de la jeune femme. 1 vol. in 12.
67 Livre (le) des récréations. 1 vol. in-8°.
511 Lorenzo. 1 vol. in-12.
1391 Louis et Abella. 1 vol. in-12.


    Magasin catholique illustré. 3 vol. in-4°.
1752 Maison (la) de Penarvan. 1 vol. in-12.
303 Manuel du chrétien. 1 vol. in-12.
544 Manuscrit (le) bleu. 1 vol. in-12.
1369 Marguerite et Carlos. 1 vol. in-12.
540 Marie Leckzinska, reine de France. 1 vol. in-12.
253 Meilleurs (les) proverbes. 1 vol. in-12.
45 Mélanie et Lucette. 1 vol. in-18.
289 Mémoires de Sœur St-Louis. 2 vol. in-12.
358 Mémoires d'un père sur la vie et la mort de son fils.
    1 vol. in-8°.
676 Mère (la) selon le cœur de Dieu. 1 vol. in-12.
266 Michaël le jeune chevrier. 1 vol. in-12.
445 Mine (la) d'ivoire. 1 vol. in-12.
793 Modèles de vertus et de piété. 1 vol. in-12.
5 Monde (le) à vol d'oiseau. 1 vol. in-4°.
307 Morale (la) chrétienne. 1 vol. in-12.
    Mosaïque (la), journal. 2 vol. in-4°.
    Musée des familles, 1833-1866. 27 vol. in-4°.
64 Musée moral de la famille. 6 vol. in-8°.

209 Musée moral et littéraire. 3 vol. in-8º.
2324 — Magasins pittoresque.

550 Naufrage (le), ou l'île déserte. 1 vol. in-12.
36 Nobles (les) filles. 2 vol. in-4º.
1416 Nouveaux exemples de vie chrétienne. 1 vol.
   in-12.
414 Nouvelle hist. de Ste Thérèse. 2 vol. in-8º.
674 Nouvelles des faubourgs. 1 vol. in-12.

1539 Oncle (mon) Ambroise. 1 vol. in-12.
564 Orphelins (les) de la Beauce. 1 vol. in-12.
   Ouvrier (l'), journal (collection complète).

1322 Parfait (le) domestique. 1 vol. in-12.
891 Passion (une) funeste. 1 vol. in-12.
1298 Paul Seigneret, fusillé en 1871. 1 vol. in-12.
555 Petit (le) Savoyard. 1 vol. in-12.
386 Petit (un) ange exilé. 1 vol. in-12.
123 Portefeuille (le) des enfants. 1 vol. in-8º.
1739 Projets de jeunes filles. 1 vol. in 12.
1735 Réfractaire (le). 1 vol. in-12.

1488 Régine. 1 vol. in-12.
223 Religion méditée. 6 vol. in-12.
243 Religion (la) du cœur. 1 vol. in-12.
1585 Religion (la) en tunique. 1 vol. in-12.
277 René, ou le véritable bonheur. 1 vol. in-12.
44 Retord (Mgr), évêque de la Chine. 1 vol. in-12.
557 Retour (le) à la foi. 1 vol. in-12.
23 Revue catholique de la jeunesse. 1 vol. in-4º.
568 Robert de Beaucastel. 1 vol. in-12.
684 Robinson (le) des prairies. 1 vol. in-12.
517 Rosario (histoire espagnole). 1 vol. in-12.

529 Ste Madeleine et la Ste-Beaume. 1 vol. in-12.
814 Saints (les) Anges. 2 vol. in-12.
290 Sara. 2 vol. in-12.

Semaine (la) des familles, 1858-1873. 24 vol. in-4°.

702 Sœur (une) hospitalière. 1 vol. in-12.
903 Sœur (une) de Fabiola. 1 vol. in-12.
24 Soirées en famille. 1 vol. in-8°.
516 Solitaires (les) d'Isola Doma. 1 vol. in-12.
1129 Souvenirs et légendes. 1 vol. in-12.
280 Souvenirs d'Italie. 1 vol. in-12.
1853 Souvenirs d'un sous-officier. 1 vol. in-12.
1776 Souvenirs de Mme Récamier. 2 vol. in-8°.
368 Stephano. 1 vol. in-12.

1545 Théàtre (le) des jeunes chrétiennes. 1 vol. in-12.
297 Traité contre les danses. 1 vol. in-12.
515 Triomphe (le) de la piété filiale. 1 vol. in-12.
177 Triomphe de l'Evangile. 3 vol. in-12.
584 Triomphe de la vertu. 1 vol. in-12.

709 Un enfant de Marie. 1 vol. in-12.
2276 Un savant et un incrédule. 1 vol. in-12.

. 66 Veillées d'hiver. 1 vol. in-8°.
52 Véronique (Ste) d'Aquitaine. 1 vol. in-4°.
327 Vie de J. Champagnat. 2 vol. in-12.
714 Vie de Jeanne de Matel du Forez. 1 vol. in-12.
816 Vie de Ste Marie-Madeleine du Pazzy. 2 vol. in-12.
817 Vie de Ste Françoise Romaine. 2 vol. in-12.
818 Vie de St Philippe de Néri. 1 vol. in-12.
822 Vie de St Joseph. 1 vol. in-12.
825 Vie de Ste Catherine de Gênes. 1 vol. in-12.
826 Vie de la B. Baptiste Varani. 1 vol. in-12.
1038 Vie et mort de quelques congréganistes. 1 vol. in-12.
1216 Vie du V. François de l'Enfant Jésus. 1 vol. in-12.
2158 Vie de Mme de la Rochefoucauld-Doudeauville. 1 vol. in-12.
2279 Vie de Catherine Beillard. 1 vol. in-12.
1415 Vie de Théophane Venard. 1 vol. in-12.

1825 Vie de M. Faillon. 1 vol. in-12.
 296 Vie de M^me Gerlache. 1 vol. in-8°.
   2 Vie de M. Olier. 2 vol. in-8°.
 259 Vie de St Joseph de Cupertin. 1 vol. in-8°.
 362 Vie de la B. Marie-Anne. 1 vol. in-8°.
  48 Vie et culte de Ste Anne. 1 vol. in-18.
1699 Violette. 2 vol. in-12.
  14 Voyages (mes) à la Plata. 1 vol. in-4.

# PUBLICATIONS PÉRIODIQUES

2311 L'Ouvrier.
2322 Veillées des chaumières.
2323 Musée des familles.
2324 Magasin pittoresque.

404 **Auteurs divers.** Les illustrations du XIX^e siècle.
    5 vol. in-8°.

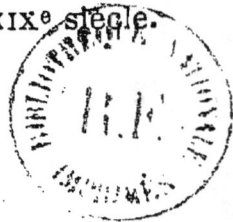

ROANNE. — IMPRIMERIE CHORGNON

www.ingramcontent.com/pod-product-compliance
Lightning Source LLC
Chambersburg PA
CBHW052058270326
41931CB00012B/2805